U0146789

余秋雨定稿合集

台湾论学

Lectures
in Taiwan

北京联合出版公司
Beijing United Publishing Co.,Ltd.

余秋雨简介

中国当代文学家、美学家、史学家、探险家。

一九四六年八月生，浙江人。早在"文革"灾难时期，针对以"样板戏"为旗号的文化极端主义，勇敢地潜入外文书库建立了《世界戏剧学》的宏大构架。灾难方过，及时出版，至今三十余年仍是这一领域的权威教材。

二十世纪八十年代中期，因三度全院民意测验皆位列第一，被推举为上海戏剧学院院长，并出任上海市中文专业教授评审组组长，兼艺术专业教授评审组组长。曾任复旦大学美学博士答辩委员会主席、南京大学戏剧博士答辩委员会主席。获"国家级突出贡献专家"、"上海十大高教精英"、"中国最值得尊敬的文化人物"等荣誉称号。

在担任高校领导职务六年之后，连续二十三次的辞职终于成功，开始孤身一人寻访中华文明被埋没的重要遗址。所写作品，往往一发表就哄传社会各界，既激发了对"集体文化身份"的确认，又开创了"文化大散文"的一代文体。

二十世纪末，冒着生命危险贴地穿越数万公里考察了巴比伦文明、克里特文明、希伯来文明、阿拉伯文明、印度文明、波斯文明等一系列重要的文化遗址。他是迄今全球唯一完成此举的人文学者，一路上对当代世界文明做出了全新思考和紧迫提醒，在海内外引起广泛关注。

他所写的大量书籍，长期位居全球华文书排行榜前列。在台湾，他囊括了白金作家奖、桂冠文学家奖、读书人最佳书奖等多个文学大奖。

在大陆，多年来有不少报刊频频向全国不同年龄的读者调查"谁是你最喜爱的当代写作人"，他每一次都名列前茅。二〇一八年他在网上开播中国文化史博士课程，尽管内容浩大深厚，收听人次却超过了六千万。

几十年来，他自外于一切社会团体和各种会议，不理会传媒间的种种谣言讹诈，集中全部精力，以独立知识分子的身份完成了"空间意义上的中国"、"时间意义上的中国"、"人格意义上的中国"、"哲思意义上的中国"、"审美意义上的中国"等重大专题的研究，相关著作多达五十余部，包括《老子通释》、《周易简释》、《佛典译释》等艰深的基础工程。联合国教科文组织、北京大学等机构一再为他颁奖，表彰他"把深入研究、亲临考察、有效传播三方面合于一体"，是"文采、学问、哲思、演讲皆臻高位的当代巨匠"。

自二十一世纪初开始，赴美国国会图书馆、联合国总部、哈佛大学、耶鲁大学、哥伦比亚大学等处演讲中国文化，反响巨大。二〇〇八年，上海市教育委员会颁授成立"余秋雨大师工作室"；二〇一二年，中国艺术研究院设立"秋雨书院"。

二〇一八年五月，白先勇和"远见·天下文化事业群"创办人高希均、王力行赴上海颁授奖匾，铭文为"余秋雨——华文世界最具影响力的一支笔"。

近年来，历任澳门科技大学人文艺术学院院长、香港凤凰卫视首席文化顾问、上海图书馆理事长。（陈羽）

作者近影。二〇一九年十一月二十一日，马兰摄。

台湾尔雅出版社1998年版
《余秋雨台湾演讲》

台湾远见·天下文化2005年版
《倾听秋雨》

在台湾地区出版并畅销的余秋雨著作（部分）

在台湾地区出版并畅销的余秋雨著作（部分）

在台湾地区出版并畅销的余秋雨著作（部分）

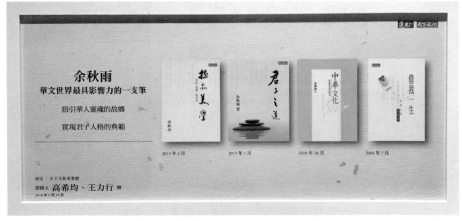

"华文世界最具影响力的一支笔"——台湾出版界颁发的奖匾

目 录

一　演讲

二　写序

三　接受专访

四　评论

一　演讲

出走的生命

（2005 年 2 月 15 日）

马英九（时任台北市市长）：

主讲人余秋雨先生，各位观众、好朋友们，晚安，大家好！

余先生从一九九二年出版《文化苦旅》至今已有十多年，光在台湾，就出版了著作二十七种，真可以说是著作等身了。同时，不止在台湾，包括香港、大陆、海外各地，他都拥有广大的读者群。这次，他能拨冗再度来台湾巡回演讲，让台湾的读者欣喜莫名。

余先生其实无须多做介绍。那天看他的简历，知道他是余姚人。余先生在一篇文章中提到，他家乡后来划到隔壁的慈溪了，使他现在在填写籍贯时，会踌躇不知选哪边好。我相信，这两个地方都会争取您，把您算在自己名下。

余姚出了不少著名的文人，从王阳明、黄宗羲、朱舜水，到更早的严子陵；现代人中，有《西潮》的蒋梦麟，有通才不输于余先生的沈君山校长。还有一位台湾人都熟悉的孙越叔叔，也是余姚人。

余姚，真可以说是人杰地灵。

余先生的"人杰"，靠的不光是他在戏剧方面的专业成就。他不仅担任过上海戏剧学院的院长，上海市写作学会的会长，还是好几所大学的荣誉教授和兼职教授。最重要的是，自从他开始一连串的"文化苦旅"，这个领域突然变得无比热门。读过他的《文化苦旅》的人，都深深感受到了，何谓真正的"深度旅行"。他不仅仅在国内，还遍访了埃及、希腊、巴比伦、恒河的文明，写下了《千年一叹》《行者无疆》这两本书。

记得在二十五年之前，我从哈佛毕业的前一年，哈佛开始推动新的通识课程（Core Course）。其中除了常见的"科学概论"等课程之外，还有一门"外国文化史"，让我感受非常深刻。今天很多人喜欢谈"国际观"，好像懂外语、常出国，就算有了。如果真是这样，那么，最有国际观的人，应该是旅行社的导游了吧？导游当然也可以有国际观，但这并不是这个职业的必要条件。对于当代文化人来说，真正的国际观，就是在旅行中汲取各国文明的精髓。

因此，今天我们共同来聆听余先生的演讲。

一方面，我们希望看到这位大师级的文学家，如何把他非常丰富的生命经验和旅行经验，化成生动的语言向各位报告；另一方面，这个演讲也是今年台北书展开幕礼的一个仪式。台北是华文世界出版业的中心之一，每年出版三万多种中文书。跟大陆每年出版十八万册相比，台北只有六分之一，但从人口和面积的比例看，我们还算是很强的。我希望台湾出版界能继续努力，也十分感谢余先生愿意把他的作品拿到台湾来出版，让我们先睹为快。

最后，我向余先生承诺，今晚我一定会坐在台下听完全程，绝不"走挪"（闽南语"赶场"之意）。所以您放心，我会非常专注地全程聆听，说不定还会问问题。

祝福大家，谢谢各位。

余秋雨：

尊敬的马市长、高教授、王力行女士，还有很多老朋友、新朋友，以及今天在场外等了很久、排了长队才进入这个剧场的听众朋友们，晚上好!

站在这里，我感到非常亲切。很多年前，这个剧场刚开张，我就在这里做过一次演讲。昨天，剧场的负责人根据当年留下的照片，居然在仓库里找到了这张木制的老讲台。今天搬来，把两场演讲连贯起来了。记得当年的演讲，我向大家报告考察文化遗迹的经历，这些年我走了更远的路，没想到这张老讲台还在这里等着我。

它似乎变成了一种约定，一种承诺。

那么，让我先谢谢这张老讲台。

按照主办者给我出的题目，我今天又要讲旅行了。但是，我想与上次的演讲有所不同，那就是把"旅行"这个概念上升到一个现代哲学的高度，称之为"生命的出走"，或者是"出走的生命"。

这个题目有点深，我可以借用刚才马市长的一个有趣说法作为破题。马市长说，我们主张的深度旅行，并不是把旅行最多的导游作为榜样，而是另有追求，那就是汲取我们不熟悉的其他文明的精髓。因此，旅行可以让自己原来比较狭隘的生命扩大、优化、提升。这也是对原来生命的突破和超越，因此是一种生命的"出走"。

原来的生命不是也很好吗，为什么要超越它而"出走"呢？

这就需要我们对平常的生命状态做一番检讨了。

一

我们平常的生命状态，看起来常常颇为风光，其实仔细一想，却非常局促。

原因是，我们每一步成长，都把生命缩小了，僵化了，封闭了。

这个判断很严重，我们不妨举一个经常可以遇到的例子，来加以说明。

例如，大学里一个研究古典文学的教授。在一般人眼里，他应该是地位不低的"成功人士"，但事实上，他大半辈子的生命格局已经越缩越小。回想当初，他考上这个大学，选定这个专业，令人称道，但也必须承认，他是在基本不懂事的年月，为自己限定了终身职业。此后，他每次升级，都让这种限定越来越狭窄。他的博士论文专攻南宋后期文学，以后又集中研究当时的一位诗人刘克庄而成为教授。几十年来，对于这个很不重要的研究对象之外的任何内容，他绝不沾手。

这样的"成功人士"，很有典型意义。他早早地把生命铸定在一个模板里，以此来确立自己的地位和待遇。即使地位和待遇都不低，但生命的格局和活力实在是太小了。

许多公务员、企业家的情况，也大同小异。如果说，这位学者把自己的生命锁在南宋后期文学的一个单人小圈子里了，那么，许多公务员和企业家则把自己的生命锁在职业、单位、公司和层层人际关系里了。官职越高，财富越大，他们也就在众目睽睽之下越加自信，越加固执。他们的生命，不再出现断灭、脱离、逃逸、自叛，因此，他们越来越没有精神自由的空间，越来越没有从头选择的可能。

按照萨特的存在主义哲学，没有选择，就没有自主的生命。

因此，茫茫人海，匆匆脚步，都是缺少自主生命的大汇聚。这不能不说是人世间的一大悲哀。

其实，不仅仅是个人。世界上有些地区，有些族群，有些党派，长期处于"伪封闭"状态，有的甚至出于某种政治理由而选择自我隔离，这肯定是没有前途的。

二

这种生命状态，除了局促之外，大多还相当虚假。例如前面所说的那位南宋文学教授，毕生的固守究竟有没有新发现、新观点？即使有一点，对文学史有没有价值？而且，是否有读者关注，是否有学生知道？

但是，就凭着这种几乎无意义、无价值的所谓"专业行为"，他被社会恭敬地优待了几十年。围绕着他的重重叠叠"学术指标"，他全都通过了，因此在我看来，那一些也都是"伪坐标"。

这种"伪坐标"，在官场、商界和社会的各个部门都屡见不鲜。那么多的标牌、口号、规划、故事，到头来究竟留下了什么？不少人，直到离开那个部门，那个单位，才知道以前自己相信和沉迷的一切，是多么空洞不实。但是，在没有离开之时，这些"伪坐标"却是精神依靠。凡是"伪坐标"特别密集的地方，那里的人也往往特别激动，特别偏仄，就像是被洗了脑，不相信世界上还有其他更好选择。

种种"伪坐标"为了自保，还会不断地挑起各种争斗，使周围四分五裂。以我自己半生的观察，生命状态的局促和虚假，一定是与好斗连在一起的，所以必须尽量摆脱。

如何摆脱？唯一的办法是"出走"。

是的，劝导没用，争辩没用，只有让自己离开那些系统，那些坐标，接受陌生，接受未知，生命才有延伸的希望，精神才有拓展的可能。

跨出第一步很难，但是只要勇敢地跨出去了，一切都会发生变化，后面的跨越也就比较自然了。几度跨越，你也就成了另外一个人。

三

就这个问题，我想说说自己的体会。台湾朋友以为我所说的"出走"

就是从《文化苦旅》开始的旅行，其实在这之前，我已经几度"出走"。没有前面的那些"出走"，也就没有《文化苦旅》，以及后来的《千年一叹》《行者无疆》。

第一次真正的"出走"，是被迫的。

虽然是被迫的，而且非常艰苦，但还是从根本上拯救了我。由此，我对"出走"情有独钟。

那是在"文革"灾难的高潮期，极左的恐怖铺天盖地，我父亲被造反派暴徒关押，我叔叔被造反派暴徒逼死，全家衣食难继，而我是大儿子，本应挑起养家的重担，但自己又被学院里的造反派包围。当时的感觉，是四周一片黑暗，没有一丝光亮，没有一处可以讲理的地方，天地倾覆了。

就在这种情况下，上级又发配我们到农场服苦役，没有结束的期限。我就在一个极其寒冷的冬天，背着箱子来到了被大雪覆盖的陌生土地上。第一个活儿就是敲冰填湖，冻僵的赤脚立即被芦根割破，血水在泥水中泛动。

这实在是够艰苦的了，但是如此劳动了两个月之后，我心情反而好了。

原因是，我发现，"文革"灾难虽然来势汹汹，但主要发生在城市，而在广阔的农村，基本未受感染。那些极左的逻辑，对于辽阔的土地、繁忙的农活，完全不起作用。我们不能不服从一种强大无比的天地逻辑，犁田、插秧、灌溉、施肥，一个环节也松懈不了，几天农时也耽误不了。在这个过程中，"文革"的霸气变得又远又淡，那些口号和标语，在田野长风中留不下一丝印象。我一次次从庄稼丛中直起腰来挥汗看着城市的方向，确证无疑地明白了一个道理：大地，并没有接受"文革"。

再想下去，城市的接受也带有很大的虚假性。当时中国的城市化比例很低，城市里的政客不管闹腾什么，都离不开农村的粮食棉麻供应。在农村的眼光里，那些吵吵嚷嚷的政治运动，全是"吃饱了饭没事干"折腾出来的。长年的劳动使我也已经习惯于以农村的眼光来打量世间，因此，"文革"逻辑在心中已萎若游丝，而生态逻辑却变得无可置疑。结果，我从一个政治运动的受难者，转身成为一个屹立原野的男子汉。

直到几十年后的今天，熨帖大地的生态文明，仍然是我思考人类文明的基准。

由此证明，即便是被迫的"出走"，灾难中的"出走"，也能给生命带来巨大转机。

我相信，在座各位不会遭遇与我相似的灾难了，但是我的经验也许对大家还是有用，那就是：无惧"出走"。最大的困厄，也可能在"出走"中解脱。

我的第二次"出走"，就是主动的了。

那是在"文革"后期，出现了恢复教育的动向，我们也已经从农场回城。我通过一个图书馆管理员的私人关系，冒险潜入外文书库，独自编写《世界戏剧学》的教材。这不仅是在行动上，从热闹的校园

"出走"到了很隐秘的书库，而且更重要的，是从思想上"出走"。当时很多文化人已经不满意极左的文艺专制，但是人类最优秀的文艺应该是什么样的，他们也不太清楚，因此常常出现"五十步笑一百步"，以"老左"批"新左"的现象。我为了挣脱这个圈子，"出走"到了亚里士多德、莎士比亚、狄德罗、歌德、雨果、黑格尔面前，向他们一一请教。这次"出走"的结果便是写出了厚厚的《世界戏剧学》，出版至今数十年一直是大陆在这个领域的唯一权威教材。这也可以说，我带着中国戏剧教育事业整体"出走"了。

在这里我可以骄傲地说一句，什么时候台湾朋友如果看到完全达到国际水准的大陆戏剧、电影、电视，请不要惊讶，因为那里很早对世界戏剧学已不陌生。

在灾难时期潜入外文书库编写《世界戏剧学》这件事，使我在上级选拔院长的民意测验中三次名列第一，当上了院长。院长也算当得不错，证据是文化部有很多表彰，师生们有很多记忆。但是，院长说到底是一个行政职务，而我对行政架构是不愿留恋的，一心还想着重返文化，因此势必面临着一次新的"出走"。但是，这次"出走"，并不仅仅是从行政职务返回原来的文化生态，同时也要对原来的文化生态挥手告别，也就是需要两度"出走"。于是，我在艰难地辞职之后，孤独地来到甘肃高原。

这次"出走"的幅度比较大，结果大家都知道了，那就是《文化苦旅》的出现。

算起来，这是我的第三次"出走"。

第三次"出走"得出了一个有趣的结论：一切真正重大的"出走"必然是孤独的，但是如果真正重大，总会有一天从者如云。这次从甘肃高原起步的"出走"，使我拥有了全球华文领域的无数读者。

但是，"出走"没有终点，即便是众口交誉的"出走"，也不应在半道上结茅定居。按照宏观思维的必然逻辑，我应当把《文化苦旅》延伸到更大的空间范围和时间范围。因为如果不延伸，原来的"出走"也有可能变成一种新的局促。

这是我的第四次"出走"，也可以说是从《文化苦旅》"出走"。这次"出走"充满了生命危险，因为我要亲自去贴地考察人类各大古文明遗址，而这些遗址有很大一部分正被恐怖主义、宗教极端主义所控制。

这就是说，"出走"是为了扩充生命格局，但也极有可能摧毁生命存在。

因此，"出走"，不只是游山玩水、访古探幽，而是一个不惜舍命的悲壮行为。

当我走过数万公里惊险行程，并以《千年一叹》《行者无疆》告知世界后，国际间很多重要会议都来请我前去演讲。这是我的责任，但也从另一个侧面说明，世界上能亲自走完这一行程的学者，还寥若晨星。

如此极致型的"出走"，由中国人完成了，我有点小小的得意。

四

如果不是一次次"出走"，我可能直到今天还是人们常见的那种永远自傲、永远牢骚，却也拿不出多少实际成果的文人。但是，因为"出走"，我从精神上摆脱了局促，成了一个田野男子汉，一个国际教材编写者，一个高校的领导者，一个文化遗迹的现场阐释者，一个考察人类文明的演讲者……我如此罗列，并不是为了显摆，而只是想说明：这个"出走"后的自己，对"出走"前的自己来说，实在是太陌生了。

那么也可以说，"出走"，就是寻找一个陌生的自己，塑造一个陌生的自己，然后，享受一个陌生的自己。

这个陌生的自己与以前的自己相比，最大的区别在哪里呢？

很多人以为，可能是见识比以前更丰富了。

但在我看来，这只是枝节。最大的区别是，比以前更善良了。或者说，由小善变成了大善。

当你从原来固守的框范"出走"，首先抵达的，是原先并不熟悉却十分提防的邻居地盘。在这样的地盘略作逗留就会知道，以前"以邻为壑"的思维习惯是多么狭隘。然后，"出走"的范围越来越大，体察他人的气量也越来越宽，渐渐明白了"人人命运皆相通"、"四海之内皆兄弟"的道理。这不仅仅是对人，还包括对不同的理念、宗教、习惯、风俗。怪异不再怪异，鄙夷不再鄙夷，分歧也能容忍，对立亦可通融。在这种情况下，对立、争斗、互毁的情绪逐步消退，同理、同情、互助的心向逐步增强。时间一长，人间的怨隙之墙便一一被穿越、被瓦解了。由此，大善也慢慢抬头四顾，展颜而笑。

我曾多次在文章中指出，在现代世界，封闭是邪恶之源。封闭者总是欺骗被封闭者，外面全是邪恶，因此不可开放，不可出走。但是无数事实证明，邪恶大多在封闭体之内，而不是之外。如果封闭体一时打不破，那就不妨把自己当作一把小小的斧凿，以独自"出走"打开几条裂隙，放进一缕光、一阵风，事情就有了希望。

依我自己的体会，在几度"出走"之后，心性会有巨大提升。现在，我只要在看国际新闻时看到那些自己曾经艰难抵达的地方又陷血火，就会立即想起在那里结交的朋友，在那里路遇的老人和孩童，心生不忍。我走的地方实在太多，因此一幅世界地图也就变成了情感地图，而且，常常变成悲情地图。随之而来，身边小范围的种种纠葛、矛盾、纷争，已经完全不在考虑之列。大空间转化为大善良，变大了的生命格局因为拥有了善的核心，也就呈现出大慈大悲、大雄大健。

从这个意义上，我所说的"出走"，近似于佛教所说的通向彼岸的普渡慈航。

把事情缩小一点看，即便在学术文化领域，由于一次次"出走"，领受了大量陌生而又精彩的学说，欣赏了各种奇特而又新颖的作品，我也就不会再陷入观点对抗、学派争论，更不会赞同在这方面的极端言论、恶语相向。世界多元，文化多元，一切通路都纵横交错，各领风采，为什么要在心造的独木桥上各不相让？说实话，我有时在电视上看到那些口才很好的评论员，也就是俗称"名嘴"，总是哑然失笑。心想："何苦如此水火不容、剑拔弩张？这个问题，康德早在二百二十年前已经解决；那个争辩，朱熹早在八百年前已经摆平。"我坚信，成天挖沟垒墙、制造对立的那些文人学者，亟须在学术文化上不断"出走"，才会知道，历史并不是从他一知半解的生命开始的，他完全不必站在小角落里激愤不已。

五

在这个演讲结束之前，我还想就近说一点有趣的感想。

很长时间以来，两岸对立着，彼此臆想着对方的一切。记得好些年前我在报纸上读到台湾发布的几个行政文件，用的是半文半白的"文牍体"，我从语文的角度觉得台湾文化完了。直到我读到白先勇先生的小说、余光中先生的诗，才知道情况完全不是这样。正是在同样的情况下，白先勇、余光中先生读到了我的散文，也大吃一惊。尤其是白先勇先生，他是首先"出走"到大陆的著名文化人；然后，也是他，千方百计张罗让我从大陆"出走"到台湾，演讲、出书、交友。一来二去，两岸看到了生命化了的对方文化，消除了大量误会，产生了无言的亲近。

回想当初互相封闭之时，彼此把对方想象成"水深火热"，一切情绪都由这种想象延伸。等到终于在文化上沟通，两岸的作家和读者凭着同一种文字的微妙感应，在情感上出现了真正的"水深火热"，不离不弃。

这本身就是一个最好的例子，说明从互相封闭中互相"出走"，由不期而遇到登门入室，实在能化解世上太多的误会。我每次来台湾总能被炽热的友情融化，但在交谈之下，也发现有些读者对大陆的情况还知之甚少。为此，我总是鼓励大家尽快出行，希望我在台湾的读者有一个更博大的生命。

文化的一个重大责任，就是引导自己和别人从局促中走出。

谢谢大家！

今天的人文坚持

（2005 年 2 月 18 日）

高希均：

各位《远见》杂志的好朋友，大家过年好！

余秋雨先生的莅临，创下了"远见人物论坛"的两项第一。

第一个第一是，过去论坛一向是邀请顶级的企业界人士来演讲的，终于由陈长文律师率先打破这个惯例，后来是丁渝洲将军。这次我们冒着风险，第一次邀请来自文化界的思想家和大散文家余秋雨先生。在这个第一之后，第二个第一就随之出现了。非常意外的是，他的号召力竟然超过了许多著名的台湾企业家。"远见人物论坛"举办三十五场以来，今天报名和参加的人数最多，这就是第二个第一。

这个现象，让我感觉到台湾社会又有新的希望。台湾的希望不在高科技而已，台湾的希望在文化。

读过余先生这么多的著作，我想在座的每一位都和我一样，除了感动于他的文字的魅力与才情外，也强烈地感受到文化的深远影响，以及文明继往开来的重要。用一句话来概括，余先生受大家尊崇，是因为大家从他身上看到了文化的力量。

担心我讲得不够周延，我们特别邀请了另外一位文学大师白先勇先生来做补充。欢迎白先生。

白先勇：

余先生最有名的一本书就是《文化苦旅》。一九九二年尔雅版在台湾第一次发行的时候，一开始的介绍文字就说，余秋雨是"白先勇最推崇的大陆当代学人"。这句话到现在还是正确的！

我所认识的余秋雨先生，具有多重的身份。

他是一位有名的戏剧专家。他在很年轻的时候，已经出版了几本影响深远的戏剧研究作品。我要大力推荐其中的《中国戏剧史》。这是戏剧研究方面最异军突起的一本书，用文化人类学来检视中国的戏剧文化，犹如通史，看完以后，就会对中国的戏剧文化有整体了解。

他的另外一个身份是研究美学的学者。他在一九八七年出版另外一本书《艺术创造学》，我看的时候大吃一惊。一个中国大陆的学者对于美学、文艺创造竟有那么多的原创看法，给了我极大的启发，因此我希望台湾的读者能有机会看到它。这本书后来由允晨出版社出版，这是我第一次引进余先生的书。之后，还特别邀请余先生到台湾来演讲。

当然最重要的一本是《文化苦旅》，很多台湾人几乎都是从这本书开始认识余先生的。这本书一直往下渗透到大学、中学，对学生产生重大的影响。他们看了以后，对自己的民族有了多方面的了解。这也是我做的最高兴的一件事，因为它是由我介绍到台湾来的，我觉得每个读者都应该看。因此当时非常着急，看了以后马上拿到台湾介绍给尔雅出版。我想不止在台湾，可以说整个华人世界，只要是具有中华民族文明的 DNA，或者说是对中国文化有一点认识、有一点向往的人，都是这本书的读者，读了之后都会产生各种各样的感动。

《文化苦旅》为什么会产生那么大的影响？我的看法是，每一个民族都有它集体的文化意识，中华民族的文化意识在一个多世纪以来遇到了存废、断续的问题，几经折腾大家渐渐变得麻木了。这本书刚好勾动了所有华人潜意识里对集体文化意识的向往和觉醒，因此才引发了庞大的回响。

《山居笔记》创造了"文化大散文"的风格。中国的文学传统里，散文与诗是平分秋色的，像"唐宋八大家"，他们的作品代表了当时散文的最高成就，造成了极大的影响。余先生的这几本文化散文，回复了"唐宋八大家"散文的传统，就像苏东坡、欧阳修的散文，一方面篇篇都是美文，另一方面又是深沉的知性探讨。余先生继承了这个传统，回复了散文应有的尊严与地位。我想这两本书会在文学史上占有一席之地。

在因缘际会之下，余先生走过世界上许多地方，恐怕是现代文化人和作家里走得最多的一个人。他踏访过所有古文化的源头，包括埃及、中东、南亚和欧洲许多非常特别的地方，因此他有一个很宽阔的比较视野。在《千年一叹》《行者无疆》里面，对于中国文化为何能够留存下来，中国文化跟其他文化比较，优点何在，不足之处在哪里，他都形成了一系列特殊的看法，这也是一般的作家做不到的。或许也有其他人会去看那些古文化的源头，但余先生的这双眼睛渗透力特别强，他看到的不光是表面的废墟，而是看出了几千年下来埋藏极深的底蕴。他把它挖掘出来，用最美丽、最感性、最让人理解的文字写出来，这是他过人的地方。

我跟余先生相交十几年，第一次见面是在一九八七年，可是直到一九八八年才正式开始结交。我们在精神上互相支持，对戏剧、文化、文学都有同好。这次，我还是透过天下文化出版的《借我一生》，才对他有比较深刻的认识。原来我相识了十几年的这个人是这样一个人，他的心里面还有这么多的故事。他跟他的家族在那个风雨飘摇的时代，经历了一切的苦难。他以非常真诚的文字写出来，让我看了以后非常感动。

对我们来说，余先生是一个很了不起的作家。希望他能持续不断地写出一本又一本的好书，我想这也是大家的期待。

余秋雨：

高希均教授、白先勇先生，还有在座的一些让人敬仰的朋友：陈长文先生、丁渝洲将军、苏起先生……我这么打眼望去，不知道这个名单要报多长——大家好！

刚才白先勇先生介绍我时提到，《文化苦旅》第一页印着推荐词，说我是"白先勇最推崇的大陆当代学人"。这些年来我写了很多，也走得很远，一直隐藏着一个小小的企图，那就是，千万不要让白先生后悔说过这句话。

今天高希均教授为我出的讲题很宏观，也很艰深：在全球化的趋势下，企业和个人如何做到人文坚持。说到"人文坚持"这几个字我有点激动，又有点伤感。这是因为，要做到这几个字，现在已经越来越艰难，因此人们也越来越不愿意说了。它甚至变成了一个老套、空洞、虚饰的概念，被实利社会搁置在一旁，慢慢风干。

只是偶尔，会有人给这个风干的概念洒点水，譬如今天。

对于当代企业家的人文坚持，我想从三个面来讨论，小标题为：一个苦涩的对比；一种长远的缺失；一个慎重的建议。

一个苦涩的对比

为了不让人文坚持的问题局限在人文领域，我想对两群农民出身的银行家进行对比。一群出现在文艺复兴前夕的意大利佛罗伦萨，另一群出现在中国清代的山西，无论在时间还是在地域上，都很遥远。

佛罗伦萨的美第奇（Medici）家族，原是托斯卡纳地区的农民，后来成为佛罗伦萨的巨商和银行家，富可敌国。这个家族不仅长时间地统治着佛罗伦萨，而且强有力地庇护和资助了文艺复兴运动，为欧洲历史的进步做出了贡献。与一般企业家不同的是，这个家族中的几位关键人物，对于古希腊哲学的研究以及对于雕塑、绘画、建筑的鉴赏，都达到了很高的水平，因此有可能把财富、权力和审美三者结合起来，参与新文化的创造，做成改变历史的大事。

三百多年后，在中国山西，也有一批农民成了富商和银行家，那就是我们所说的晋商。他们所打造的早期银行系统"票号"的规模，比美第奇家族大得多。但是在当时的中国，文化没有支持他们，他们也没有支持文化。他们完全不知道自己在人文意义上的价值，不知道自己所创造的财富数量、流通规模和金融架构，对于贫困保守、战乱频频的民族是多么重要。而当时的中国文化人，虽然天天喊着"天下兴亡，匹夫有责"，却只把"兴亡"二字完全寄托在王朝更替上，完全不去理会这些山西的富商和银行家。结果，这些一度气势如虹的晋商不仅无法推动历史，反而被历史快速吞没了。

晋商被历史吞没的时间并不太久，但由于缺少文化记述，很快被人们忘却了。像我这样的人，二十年前对佛罗伦萨美第奇家族的业绩已经能够在课堂上侃侃而谈，却对更近三百多年的中国晋商几乎无知，只见《清稗类钞》和侯外庐先生的一篇文章中有几句简约提及，还是不知所云。为此我专程去晋商大本营平遥古城等地考察，写了一篇《抱愧山西》，来表述中国文化的一种缺失和愧歉。这篇文章的影响之大超过我的想象，证据之一是，平遥古城为了保存晋商遗迹准备大规模疏散太密集的当代生活，在城外新建的居民社区名为"秋雨新城"。你看，我只是用文化的眼光关顾了一下，而且是那么迟到的关顾，晋商的后代却以那么隆重的方式感谢我。由此可见，中国文化与中国商人的缘分真是太稀罕了。

十五世纪的美第奇家族和十八至十九世纪的中国晋商，在人文方向上产生了极大的区别。美第奇家族深知自己银行家的观念与中世纪的思维格格不入，因此与一群文化大师一起创建了一种新的文明；中国晋商也感受到了这种格格不入，但他们想不到从人文格局上来进行突破，也找不到在这方面来帮助他们的人，因此成了失败者。

结果，美第奇家族的最终名声不是建立在财富和银行业绩上，而是建立在人类的文明史册上。后人只要一提起文艺复兴，总会一次次地感念他们。他们留下的建筑、名画、雕塑，至今还吸引着来自世界各地的参观者。而中国晋商，由于找不到人文基座，很快也就失去了财富基座，在他们身后，山西成为中国的贫困省份。连他们自己的家族，也景象寥落。例如近年查访到的晋商中堪称中国最大的银行家日升昌老板李家的两个后裔，一个是街道理发员，一个在家乡以放羊为生。一代理财大师雷履泰的后裔，一个是小粮店的伙计，一个是小村里的木匠。连他们，也已经不知道自己的祖辈做了些什么。

这个对比，应该对现在天天都在成功地博取财富的华人企业家带来某种警示和启发。

一种长远的缺失

中国晋商找不到人文基座，事情发生在清代，原因却在更早。

传统的儒学思维，历来重耕轻商，发展至宋代的理学和明代的心学，则常常流于空谈。明清之际有些学者反对空谈，主张经世致用的"实学"，本是一件好事，但他们缺少儒学之外的新的思想资源，把想象中的古代理想社会作为坐标，因此无法进入近代的文明革新。更何况，中国文人的这些议论，不管是前进还是倒退，都不能播撒到广大民众之间，广大民众长期处于精神文化的缺失状态。

这与欧洲的区别就更明显了。欧洲自文艺复兴开始，连续发生了很多次波及全社会的思想运动，例如宗教改革、工业革命、启蒙主义……刷新了符合近代生态的宗教信仰，确立了人文主义、公民意识、理性精神和法制观念，使一切新兴的经济行为和社会生活获得了健全的人文基座。然而，类似的思想运动，在中国都没有发生。频频发生的，只是一次次政治权谋的对峙，一次次意识形态的恶斗。结果，精神文化的缺失越来越严重，连传统儒家所固守的"君子之道"也支离破碎，难以收拾。

在这么一种状况下进入现代商业竞争，结果可想而知。目前中国财富积累的速度确实很快，但我们处处看到一种没有精神准备的富裕。从局部看，竞争很可能成功，但由于缺少思想奠基，竞争之中缺少规范，成功之后又找不到目标，很多人成了在黑暗中横冲直撞的无头苍蝇。即便是腰缠万贯、志满意得、炙手可热，也还是无头苍蝇。

我发现在书市和传媒间最受欢迎的，是对各种各样"成功之术"的传授。大家都在追问"怎么富裕"，谁也不去追问"富裕为了什么"。

也就是说，只问"术"，不问"道"。其实，"富裕为了什么"的问题，答案必在人文领域。

几年前，哈佛大学的亨廷顿教授主持了一个国际研讨会，好几位西方学者提醒人们，要在经济社会中坚持人文目标。他们说，一切经济活动的短期目的可以设定在经济领域之内，而长期目标一定在经济领域之外。

他们说，企业家积累财富的终极目的，无非是为了增加自己的荣誉感、幸福感和自由度。但是，荣誉、幸福、自由，全是人文概念。有的企业家更为高尚，积累财富是为了实现慈善救助、普及教育，从而提升自己的生命质量，这一些更是人文课题。

这些年来我一直在痛苦地思考：为什么制造假药、假酒、假奶粉、假文凭的人如此层出不穷？为什么假话、谣言能成为媒体的宠儿？除了法制无力之外，为什么这些制造者的内心深处没有一点点对天地、生命的敬畏？没有一点点人性、人道的残留？种种现象都可证明，我们在整体人文价值上出了问题。

我觉得不能仅仅对制假者表示愤怒，而是应该从中领悟一个道理：没有人文目标，将是人类最大的恐怖。

大家知道，即便在台湾，"黑心食品"、"黑心油料"等事件也已经不绝于耳。可见，这种恐怖正呈包围之势。连今天在座的优秀企业家们，也都笼罩在缺失人文目标的阴影之中，因为我们谁也拗不过那种无制约的原始驱动。

因此，人文坚持已经不是一种附庸风雅式的装饰，而是一种中流砥柱式的悲怆。

坚持，有可能会坚持不住，但也有可能发扬光大。我们争取后一种可能。

想起了薄伽丘（G.Boccaccio）的《十日谈》。十个青年为了躲避瘟疫在郊区一所房子里讲故事，这些故事给明天的智者带来了思想资源。那么，也让我们到"郊外"坚持一些时日吧，讲一点人文故事，或许能被今天和明天的人们听到。

一个慎重的建议

在人文坚持的问题上，我对企业家有一个特别的建议。

我发现，现在已经有不少企业家表达出自己的人文追求，但在整体上常常处于低效状态。有的企业家把个人的一些艺文兴趣当作人文坚持，大大降低了人文坚持的精神力量；有的企业家则把自己对职工讲述一些劝导语句看成是人文坚持，错把下属的职务服从当作了文化胜利。这样的人文坚持，严格说来只能称为"人文安慰"，十分脆薄。

当然，也有一些优秀的企业家值得称道，实实在在地举办文化讲座，组织艺术活动，推广书籍阅读，为企业染上了浓重的人文色彩。这就像在自己家的后院挖了一个池塘，引文化之水，来滋润全家。一眼看去，碧波荡漾，日光云影，很像样子。

但是，这一切做得再好，也只停留在"吸取型"的机制上。也就是说，所有的资源都来自以往，来自他人，来自学生时期的文化之梦，对今天缺少实际针对性。稍稍有实际针对性的，则是一些层级不高的劝世短文，如《心灵鸡汤》《给加西亚的信》等，却也都来自不近的时间和空间，我们更没有传播给别人的理由和身份。

这种在人文坚持上的低位化趋向，是对人文坚持空泛化的勉强补充，效果堪忧。

要从根本上改变这种状态，就应该从"吸取型的人文坚持"过渡到"创造型的人文坚持"。这也是我对企业家们提出的一个慎重建议。

还是回到我刚才讲到的美第奇家族。他们的人文坚持就是创造型的。在他们以前，有非常庞大的中世纪经院哲学和神秘主义，几乎笼罩了整个精神世界，其中也不乏真知灼见、高妙哲思。但是，他们明白这一切都不是自己的需要，他们需要的是一个全新的精神世界，而这个世界只能靠自己来创造。

美第奇家族在实现"创造型的人文坚持"的过程中，并不仅仅是靠自己动手来创造。作为掌有财富权力和行政权力的人，他们明白，自己并不是创造的主力，而是选择者、资助者和庇护者。因此，他们周围曾聚集过达·芬奇、米开朗基罗、拉斐尔、波提切利、布鲁列尼斯奇、多纳泰罗等文化艺术大师，组成了一股强大的气流，在人文创造上几乎无往而不利。

相比之下，我们许多企业家的人文坚持，常常把事情做小、做低、做旧了。

大家知道，我对文化圈里边的创造力度并不乐观。这是因为，文化圈的生态，自以为是又积弱不振，即使略有创新也不会对社会产生太大的影响。相比之下，如果由杰出的企业家群体来主持新时代的人文创造，我就有了乐观的理由。这是因为，他们比文化圈中的人更容易摆脱昨日的文化梦魇，更有能力把好事做大。

优秀的企业家们应该明白，如果不是亲自参与人文创造，他们将长久地挣扎于一个人文稀薄的环境里，处处举步维艰；他们还应该明白，如果不是亲自参与人文创造，他们即便快速富裕也会陷身于"我生何为"的困境之中，找不到精神出路。

人文创造本是大家的事。我们过去的错误，在于把这么一件与人人有关的大事抵押给了一个小小的文化圈。大家并不知道那个文化圈里发生了什么，却又不断地向那里借取。这样做的结果，大家早已看到。

由于人文价值上的空缺和混乱已经积重难返，企业家在人文创造上不应该贪多求大，而应该从充分可控的局部开始，点点滴滴构成小气候。人文的小气候一定能对周边产生示范作用，渐渐汇合成大气候。这种大气候也不是统一的，而是门庭各异，风姿不一，林林总总，多元组合。这便是我心目中人文复苏的前景。

谢谢大家。

高希均：

听完余先生的演说，给我几个启示。第一个就是，并非只有在政治场合中用那些最高亢的声音才能激起我们的热情。我们也许是第一次，或者很久没有听到一个文化学者说话说得如此温文和宁静，却带给我们这么大的热情和感动。

这就引出了我的第二个启示。现在是二〇〇五年，二〇〇六年我想预约白先勇先生也来给我们做一次演讲，请余先生来介绍他，好不好？

请现场来宾开始发问。

听众提问：

根据《时代周刊》（*TIME*）的调查发现，北宋时期中国的GNP占全世界八十的百分比。明朝郑和舰队的规模之大，直到四百年后的第一次世界大战，西方才有同样规模的舰队出现。所以，中华文化对经济和科技的发展是非常正面的。因为宋朝历经两次大规模的蛮族入侵，使中华文化遭到破坏，造成中国的积弱不振，才造成今天中国种种的问题。反观欧洲，欧洲自罗马入侵后就没有较大规模的蛮族入侵。

不过中国现在也等同于蛮族入侵，比如发展简体字，把字简体化还没关系，但把"蕭"改成"肖"，"範"写成"范"，完全扭曲了文字原有的意思，也破坏了中国文化，这才是我担心的，因此以这点请教您。

余秋雨：

您的观点非常鲜明，但显然又非常片面。

一个庞大而悠久的文化，不可能什么时候都是正面的，什么时候又都是负面的。我们不能出于民族感情，骄傲地宣称中华文化曾经充分健全，把后来的一切责任推给"蛮族入侵"。

中华文明的价值系统，在两千年前的汉代就已经初成规模。它不可能"以不变对万变"地应付两千年后的近代社会。不错，直到一千年前的宋代，中国占世界经济总量的比例还很大，原因是当时的所谓"世界各国"还很稀少。很多古老文明已毁于战乱，很多新兴文明还没有长大。因此，我们不能用现代的国际版图去简单类比。后来数百年的事实足以证明，中国传统的价值系统，不管是精神层面、体制层面还是经济层面，若要顺应时代，必须经过脱胎换骨的改革。否则就会像秉承古代骑士荣誉的堂·吉诃德，处处碰壁。这一点，连坚持"中国文化本位论"的学者如梁漱溟先生，也认同。

在这里我不妨再说几句前面提到过的山西商人。他们在经商和汇兑过程中为什么能取信于人？因为他们几乎继承了中国全部的传统美德。但是他们还是失败了，因为，即便是全部传统美德也对付不了商业资金的高速流通，对付不了市场机制的胜负法则，替代不了现代社会的金融逻辑。

中华文明在本质上是一种古老的农耕文明，您所说的"蛮族入侵"，也许主要是指长城以北的游牧文明的冲撞吧？游牧文明当然会经常损及农耕文明的生态结构，但有时也会刺激农耕文明保守、狭隘、萎靡的格局，振奋起一种更宽广的生命力。我曾多次用历史事实证明，如果没有长城以北的异态文化的介入，如果没有河西走廊的开通，就不会有伟大的唐代。这是一种很有魅力的历史吊诡，不宜做简单化的判断。至于您所说的中华文化的积弱不振和今天的种种问题，"因为宋朝经历了两次大规模的蛮族入侵"，又说"欧洲自罗马入侵之后久没有较大规模的蛮族入侵"，等等，我都不便苟同，因为历史事实并非如此。

说到简体字的问题，我觉得您可能有点"泛政治化"了。

汉字简化，是一个文化事件，而不是政治事件。早在十九世纪就有很多学者提出了这个问题，认为中国在教育、科技上落后于西方的一个技术性原因是汉字太复杂，笔画太多，字量也太多。既难教难学，又不易于物理、化学、数学公式的呈现，必须改革。在改革方案中，有的学者比较激进，例如吴稚晖先生提出过"废除汉字"改用万国新语（即世界语）的主张，钱玄同先生也喊出过"打倒汉字"的口号。简化，在当时被认作是一种"治标不治本"的保守做法。一九三五年国民政府公布过《第一批简体字表》，收字三百多个。到了五十年代大陆又正式简化了一批，当时还包含着扫除文盲的目的。

在大陆，简体字、繁体字的差别没有像台湾看得那么严重。大学生学习古典文学总要学会繁体字，现在十分时兴的书法热又以繁体字作为主要书写方法。由于电脑普及，转成繁体字还是简体字只要按一个按钮就成，即便对年轻人来说也不是森严的界限。

我每次来台湾演讲，都会听到台湾朋友用很激烈的语气提出这个问题，今天您算是最温和的，所以我要从文化的立场纾解一下。前些天我与马英九市长一起谈到这个问题。我说，一切文字都有三大功能，一为方便功能，二为传承功能，三为审美功能。简体字更多地满足方便功能，繁体字更多地满足传承功能，而在审美功能上则不能一概而论。我也写书法，在写草书时有一半得用简体字，连于右任先生也是这样。

我不同意把汉字简化的事情政治化。这里有一个有趣的证据，那就是我国的一些政治领导人，从毛泽东、朱德、周恩来到邓小平，几乎一直都写繁体字。

高希均：

几天前，台北市的马英九市长特别约了余先生聚会，也谈到文字和文化的问题，包括简体字与繁体字。他提议今后对繁体字不叫"繁体字"，而应该改叫"正体字"。但我觉得，如果说我们是"正体字"的话，好像对面就成了"歪体字"了，最好不要有这种价值判断。我个人觉得还是称繁体字、简体字比较好听。

陈凤馨（NEWS98 主持人）：

余先生您好，我是您的书迷。

我一向不在偶像面前讲话，因为很怕得罪偶像，可是今天感触很深，想说几句。

前阵子我刚好在读欧洲历史上一些金融事件的发展，其中提到，在欧洲"分"是常态，"合"不是常态，因此政治与经济是分开来平行发展的。有时候，政治反而要依赖金融圈的人，而金融圈的人则可以决定一些政治权力的分配。这使得欧洲在发展的过程中，受政治的打压、牵绊比较少。这种关系，使得欧洲的权力分配不会集中在政治，而是让经济也具备权力分配的可能性。知识分子服务的对象，可能是政治，也可能是经济。这也许可以使得经济在发展过程当中，由知识分子提供一些愿景，让发展更加顺畅。

我想从这点倒过来谈余先生今天的讲题，余先生希望可以靠着企业、财团的介入来完整地推动文化创建，带给社会一些人文坚持。我在想，确实可以把社会的经济权力和知识分子的合作意愿融合在一起，发展出所谓的"后富裕时代"的愿景。从这个角度来看，不要说台湾，恐怕全球华人社会里好几个城市都具备这样的条件。这样的想法不晓得您同不同意？

可是我现在最想问的是，听说您也喜欢看《康熙来了》。这节目在台湾很红，也很受年轻人和中产阶级的喜欢，这种通俗文化的流行，一定有其存在的意义，您从这个节目看台湾的通俗文化，有什么得？有什么失？

余秋雨：

凤馨所参与的电视节目我看过不少，所以刚才远远一见，如遇故人。

您说欧洲历史上的权力不会仅仅集中在政治领域，而会分配很大一部分给经济，因此出现了知识分子与经济集团合作的可能性。这个观点正与我不谋而合，谢谢您的支持。

中国传统的知识分子，可以入朝做御用文人，也可以在野做隐士清流，却不曾与经济集团合作。因此，直到今天，中国知识分子的心理积淀仍然是充分体制化的，同时再装饰一片个性化的小天地。到了您所说的"后富裕时代"，体制化的倾向会快速淡化，个性化的小天地又会显得无力，知识分子要从根本上改变生存方式了。这是一种历史性的突破，也是一场整体性的挑战，但已经无法躲避。估计很多知识分子会因此而"失语"，然而中国文化的许多痼疾也会随之而得到缓解。总的说来，这是一个不错的转型。我赞成您的说法，不仅台湾，而且全球各地华人社会里好些城市，都具备了这种谋求经济集团和知识分子合作而组建新的人文力量的条件。想到这里，心情好多了。

至于您问到的《康熙来了》，我确实有点喜欢。这样的通俗文化，当然不能用严肃文化的标准去要求。但是，大家在严肃文化的环境里生活惯了，明明很通俗的事情也习惯于用严肃的方式来表述。因此，看到有节目能用通俗的快乐把严肃比下去，心中暗喜。

在这里我想借凤馨的话题拉开来多说几句。即便是教授、学者，也不要鄙视通俗文化。在人文领域，没有通俗文化的介入是不完整的，也是不真实的。更何况，任何人都有多重身份，不管地位多高也不必掩饰自己基元性的通俗身份——一个有着寻常喜怒哀乐的居民，一个也会绕嘴、也会害羞、也会躲闪、也会失态的普通人。既然通俗是我们的重要生态方式之一，那么，我们也就有权利享受通俗。一个高层文化人如果敢于享受通俗文化，据我的观察，他会比别人更深刻地体察世态人情，更少一份极端、偏激和虚假。

莎士比亚悲剧《麦克白》中有一个情节，麦克白夫妇在黑夜施计谋杀了邓肯王，一夜狂迷，直到第二天早晨听到送牛奶的人在敲城堡的门，才突然苏醒。送牛奶的敲门声非常通俗，却具有帮助别人拨离黑夜狂迷的作用。今天我们的许多"深刻"，其实也是一种黑夜狂迷，正需要用通俗来敲醒。

年轻时总是一次次等待着某种深刻的声音来敲醒我们的愚笨，等到年长时才发现，真正敲醒我们的，总是通俗的声音。

高希均：

我知道陈长文大律师的时间特别珍贵，是以秒计算的，请问陈大律师有没有什么高见？

陈长文（海基会首任秘书长）：

《文化苦旅》是我看的余先生的第一本书。那是九〇年代，章孝慈校长在去大陆之前，与我一起谈一个公益计划时送我的，他还附了一张亲笔书写的便条，强力推荐我看。几个月后，他就往生了，让我十分感慨。

最近因为高教授跟王发行人的安排，让我有两次跟余先生见面的机会，包括今天这场文化飨宴。对做律师——一个大家印象不太好的职业的我来说，可以说是奢侈地享受了文化。我发现余先生不单是文学家、戏剧家、散文家、历史学家……他还会是一个很好的企业家。我在这里真心地说，如果余先生将来有可能做文化企业的话，如果高教授能有机会参与，也让我有这个机会。虽然我最近不太富有，还愿意做小小的投资，但在法律服务的部分，还是可以有贡献的。

我有几个问题请教余先生。文化既会有毁损性又会有创建性，这我可以体会。我们还听到过一些概念，譬如小人文化、法西斯文化、激进文化、惰性文化等。我在想，我们能不能以后就把"文化"定义成一个正面的名词？对于那些负面的社会现象，改用其他的名词去描述，这对整个文化的建设有没有帮助？

今天高教授邀请的贵宾里头，没有在位的政治人物。我突然想到教育与文化的负责人，比如杜正胜部长，如果还在位的话，您会不会邀请像他这样的负责人，跟大师或同坐的人来聊聊？这是问题，或说是建议吧。因为他们实在"需要"多多参加这类文化飨宴。

另一个问题请高教授、余先生共同回答。文化对我来说是奢侈的，今天我非常兴奋，因为我从来没有这么幸福过，举手这么多次。感觉文化离我虽远，我却很喜欢，它带给我们很多丰富的感觉。然而文化产生的问题是，它好像有点不够实际，不那么有力量，因此在这个时代变得影响不大。该如何让它具有力量呢？我觉得如果能有杰出的政治家、经济家、企业家，然后有一个很棒的文化人，合办一个文化企业，可能会冒出一些火花来。当然，最后可能再加一个可以指导这些人的法律家。这么一个集团的组成，会不会使老百姓都得到福利？

余秋雨：

我这次最重要的收获是新认识了一大批尊贵的新朋友，包括陈长文先生。

您提议把"文化"这个概念定义成一个正面的名词，不要把一些不好的社会现象都塞在里边，以便净化人们对文化的崇敬。这个提议，证明您这位大律师还保留着一份纯净的赤子之心。是啊，大家天天在呼吁"保护文化"、"倡导文化"，但"文化"里居然还躲藏着大量的"小人文化"、"法西斯文化"、"激进文化"、"惰性文化"，难道要一起保护和倡导吗？您的意思，干脆把"文化"洗干净了，不要随意乱用。例如，把"小人文化"说成是"小人心理"，把"法西斯文化"说成是"法西斯逻辑"，把"激进文化"说成是"激进思维"也许会好一点。

但是，"心理"、"逻辑"、"思维"也不是天生的负面名词，它们也期待着我们把它们一一洗干净呢。这样洗下去，什么时候洗得过来？

其实，人文领域里的任何一个大概念都是洗不干净的。正因为它们不干不净，广纳博容，才成其为大。

我们平常在心底里呼吁的文化已经自动地缩小了概念。就像今天上午给家里人说"到银行去"，并不是指台北的整个银行系统，而是专指自己选定的那一家。

被我们缩小了的文化概念，可以称之为狭义的文化，大概是指对人类心灵、知识、情操、风尚的化育，与中国古代所谓的"文治教化"相类似，比较正面。但是，广义的文化就大得多了，泛指人类在不同时段和地域所产生的价值观念和信息系统，这中间既有正面又有负面的了。生在现代，尽管我们要想倡导的是狭义文化，但我们必须面对的是广义文化。相比之下，狭义文化表现了一种良好的主观愿望，却不够真实，真实存在的是广义文化。

在这里我需要赶紧做一个提醒，在广义文化里，正面和负面的划分万万不可太武断。人类的生态是多元的，因此文化也是多元的，我们岂能用单一的价值标准去评判？黑格尔说，一切存在都是合理的，对此，世人需要多一份理解之心、体察之心。只有多元，才能给不同的人开拓文化选择的权利。每一代的家长和老师都会出于好心，用自己有关正面和负面的标准，或多或少地剥夺下一代年轻人的文化选择自由。这种情形，是人类的缩影。我们也常常用好心的武断、用文化的名义，滋扰了别人。

除此之外，我们还会遇到一些更具体的文化概念，例如"建筑文化"、"食堂文化"、"厕所文化"，乃至"青楼文化"、"槟榔文化"等，这也不要生气。这里所说的文化，是指个别存在的"生态文化"，在概念上也可以称之为"亚文化"。为什么在这些行当里也嵌得进去"文化"二字呢？因为这些行当已经构成了一种习惯、格调和行为规则，这也就进入广义文化的范畴了。

关于陈先生提议由多种力量合办企业的事，我想应该让令人崇敬的经济学家高希均先生来回答。

高希均：

余先生故意把投资的问题留给我回答。如果余先生有机会做企业家，根据刚刚陈大律师的建议，他一定可以组织得起来。规模干脆扩大一点，今天这里有那么多朋友，如果真要创办一个新的企业，大家优先认五十万，总数就很可观了。这可以做很多事情，甚至也可以做点通俗文化，例如也可以做一个节目叫《康熙走了》。

接着请苏起先生来说几句话。

苏起：

今天很高兴能和我敬仰很久的余先生见面。余先生的谈话给我很多启发，尤其是"吸取型文化"和"创造型文化"，我觉得现在台湾碰到的就是这样的问题。一方面，我们有很多公司、财团、个人，都非常有钱，可是大部分的财团，就像您说的一样，都是在自己家里后院挖了一个池塘，水流不到外面去。

另一方面，我以前工作的地方，无论是智库、学校还是民间团体，很多都是苦哈哈的。从事的工作越冷僻，例如昆曲、古诗……越缺乏外界的营养，也没有管道过来。我比较熟悉的美国社会，像福特、微软等很多公司，这些财团无私地把赚来的钱大量回馈给社会，台湾缺乏这种管道。

我今天不问问题，只是想借此机会呼吁在座的各界人士慷慨解囊。我们的法律可能有点问题，没有一条法律鼓励财团慷慨解囊，只好让他们自己搞个文教基金会，自己在家里培养清誉。这对社会没有帮助，法律上可能要做点修改。舆论界和文化界，也要鼓励这些财团负责人，提供一点诱因，给他们一点鼓励，让他们愿意来培养。我们是不是就往这个方向来努力？谢谢大家。

高希均：

非常关键的"九二共识"，就是由苏起先生担任"陆委会主委"时主导的。他的一本书也是我们天下文化出的，叫作《危险边缘》。

刚才陈大律师建议可以请教育部长来演讲，这个主意非常好，其实现场教育部来了三位朋友，请代我们向部长说，希望有机会请他来演讲，题目是："换个角度看台湾"。

李仁芳教授对科学与人文有很多的观察和体认，是否发表一下您的高见？

李仁芳：（政治大学科管所所长）

我一看到今天的讲题时，内心就有很大的冲击，特别是听到余先生所说的吸取型文化和创造型文化这个重要命题，感触更深。对台湾来说，三四十年来的优势基本上以制造产业为主，但我们自己创造的产品不是很多。创造型文化，是台湾所急需的概念。

从这个题目延伸，我觉得台湾有很多明星级的企业，比如笔记型电脑、IC，以前的制造优势带来了很高的毛利，可能高达百分之二十到三十，现在却连百分之五都不到，净利连百分之二都不到。长期看来，是因为从科技涉及生活美学都缺少创造，所以对产业的发展形成很大的阻碍。

但是，如果企业从业人员没有一种创新的生活和思维，就很难会有创新的工作模式。所以不只在科技的深度上，而且在从业人员的生活体验上，都和人文坚持有关。只有人文坚持，才会发现我们在集体人格上的缺陷，改变企业发展的被动状态。更重要的是，真正杰出的创意，都离不开人文滋润。

高希均：

今天来的贵宾里，我相信最有财富的是陈怡蓁小姐。她和先生张明正创办的趋势科技，不但荣获台湾国际品牌价值第一名，也分别被美国的《财星》杂志和《商业周刊》推选为全亚洲最酷的高科技公司、"超越国界的跨国公司"。张明正先生也是"远见人物论坛"三十五场的演讲中唯一出现过两次的人。怡蓁听了这次演讲以后一定有所感动，请讲几句话。

陈怡蓁（趋势科技创办人暨文化长）：

我是余先生与白先生的大粉丝。高教授是我此生唯一服务过的老板，所以他要怎么消遣我，我也没办法。我在偶像面前是提不出什么问题的，只有决定回去赶快把两位先生的书好好再读一次。

今天听到余先生的演讲，感受到很强的力道。这个力道里有很大的热情，虽然您说是担忧，可是您对人文的热情都表现在这样的担忧上，让我非常感动。

我虽然从事高科技产业，但就如同李仁芳教授所说，很多创意必须来自人文的滋润。我们也感觉到企业在自己家里后面挖一个文化的池塘，力量十分微弱，一定要跟外界结合在一起。像余先生、白先生这样的大师，能够带领整个社会往前走，企业也能得到滋润。

今天真的学习了很多，感受也十分丰富，我相信对我们企业的发展一定有很好的启发。

王力行：

我想问余秋雨先生的最后一个问题是，在经历灾难的环境里，您是如何让自己实践一个知识分子的人文坚持的？

余秋雨：

感谢您的这个问题，让我有机会从切身体会来谈谈人文坚持的一些底线。

现在已有不少学者在讨论，我们今天在人文坚持上究竟要坚持一些什么。是儒家学说中的哪几条教诲，还是西方文明的哪几条原则？是高雅的情操风度，还是传统的处世哲学？

在我看来，这样的讨论是有意义的，可惜常常流于学究式的逻辑归纳，与社会的实际状况和接受可能隔了一层。

所谓"坚持"，一定有难于坚持的麻烦背景。减少麻烦的办法，是把自己的内心清理干净。因此，我只讲四句话：

"人文坚持"的第一条，是在任何情况下都坚守善良。

"人文坚持"的第二条，是在即便斯文扫地的情况下，也尽可能地维护自己心中的斯文等级。

"人文坚持"的第三条，是在有一线希望从事文化建设的时候就竭尽全力，把一线希望变成一片希望。

"人文坚持"的第四条，是在因人文坚持而受到打击、中伤、诽谤时不屈不挠，继续坚持下去。

谢谢王发行人。谢谢大家。

城市的魅力

（2005 年 2 月 24 日）

胡志强（时任台中市市长）：

我要诚心诚意地谢谢远见·天下文化的社长高希均教授。我差点扭断他的手臂，他原来说余教授很忙，不一定能来台中演讲。我威胁他说，如果余教授真的不来，以后你就不能到台中来，我不会给你签证。

最后终于成功了，而且来听讲的人这么多。我走到这个礼堂的门口时，心里非常高兴，就是维也纳交响乐团来，也没有看到这么多热心的人来参加。我要请大家给自己一个掌声。

如果要我把对余教授的敬仰全部讲完，留给他的时间就不多了。所以我对他最大的恭维，就是忍住自己不要讲话，把所有的时间留给余教授。

我想今天来的听众，对您都很了解，哪里还需要我的介绍！

我希望您能常来。

余秋雨：

胡市长、萧校长、东海大学的程校长，各位贵宾，以及今天在场的三千多名朋友，下午好！

台中市拥有这么一个可容纳几千人的大礼堂，这很惊人；更惊人的是，为了听一个文人的讲座，这么大的礼堂居然还挤不下，据说外面还有很多朋友进不来。这个现象，并不证明我的重要，而是证明台中市的重要。

广大市民对一个不知道讲得好不好的演讲表现出那么大的热情，就像古代希腊那些城邦看到奥林匹克长跑选手过来时停止一切战争，全城相聚迎送。初一看，光荣在那些选手，其实，更在那些城邦。选手的成绩还不知道呢，但城邦的成绩一眼就看出来了。

演讲的主办者要我今天专讲"城市"的题目。我想，这一定与胡市长在城市建设上的出色成绩有关。如果台中的城市建设不是很好，却要我来讲城市，这就变成"哪壶不开提哪壶"了，善良的高希均教授不会做这样的事。他其实是给我提供一个讨教的机会，拿着有关城市的课题，向成功的城市建设者、管理者和幸福的市民讨教。

首先遇到的问题是：城市是什么？

这个问题很大，答案很多。在中国古代，"城"意味着自守，"市"意味着交易。在西方现代，一些学者指出过城市的一些本质特征，例如路易斯·沃思认为城市是一个大规模的人口聚集地，其间包含着大量的异质人群。马克斯·韦伯则认为这个聚居地必然对外有防卫能力，对内有法治管理，社团众多，并享有部分的政治自治。有的学者还为城市的聚集人数设定了最低限度，有的几千，有的几万，认为低于这个人数就不能叫城市了。

我为城市所下的最简单的定义是：城市是大量非农业人口的聚居地，其间所发生的政治、经济和文化活动，对外界具有足够的可辨识性。

我所说的"足够的可辨识性"，也就是一种可以留之于时间记忆和空间记忆的群体风格。这种群体风格，有一部分可以进入美学领域，因此也可称之为魅力。

那么，且把我们的题目缩小为"城市的魅力"吧。

城市是有生命的。这并不是指有许多生命体聚集在那里，而是指每座城市都是个独立的主体生命。它有自己的喜怒哀乐，有自己的拒绝和接受，有自己独特的敏感点和兴奋点，有自己的性格和风度。我们不妨想一想欧洲那些大城市，像伦敦、巴黎、柏林，各自的性格是多么鲜明，大家几乎可以把它们当成一个个不同的生命体，用不同的声音呼喊它们，用不同的步态走进它们。

不要用民族意识和国家意识去解释这种差别。你看在同一个国家、同一个民族，意大利的罗马与米兰竟有那么大的不同，西班牙的马德里与巴塞罗那又迥然有异。

甚至，也不能用地域意识来解释。例如在中国大陆，北京和天津离得很近，两座城市在性格上的差异如此之大。即使在同一个省份，福建的福州与厦门，辽宁的沈阳与大连，浙江的宁波与温州，也都不大一样。

总之，这一切都是每座城市独立的主体生命造成的，外在的势力和风潮有可能在表面上影响它们，却不能从根本上改变它们。我在我国改革开放之初写过一篇《上海人》，分析了上海这座城市的独特生命。这在当时有点勇敢，因为我指出了在统一的意识形态结构之内，还有未必服从这种统一的城市生命。后来上海的发展，证明了我的预言。

遗憾的是，直到今天，我们在想到一座座城市的时候总是仅仅想到它们的街道、建筑、美食，而不会想到它们是一个个完整的生命体，一个个巨人。

具有独立生命的城市，总是在动态中显现自己魅力的，这是一切生命的本性。

城市的动态魅力，不在于它表面上的人车流量，而在于它一直在与几种巨大的力量斡旋。第一种力量叫作"时间"，第二种力量叫作"人群"，第三种力量叫作"文化"，第四种力量叫作"自然"。

每一座城市，正是在与这四种力量的动态斡旋中，向世人表明自己是谁。

一、与时间斡旋

与时间斡旋，首先是与历史斡旋。

每位市长都想有所作为，但他们应该明白，市民最隐秘的骄傲点在哪里。方便、美观、热闹都是骄傲点，举办一些媒体关注的活动也是骄傲点，但是，最隐秘的骄傲点还是在于历史。

　　其他种种骄傲点都可以营造，可以转移，唯独历史不能营造，也不能转移。我们为什么要拥挤地住在一起？理由很多，而其中特别典雅的理由是：这是千百年来代代先辈共同选择的聚居点，我们可以在这里拥抱故事，延续传奇，感悟历史。

　　简单说来，是历史，能够让城市找到"深刻聚居"而不是"一般聚居"的理由。

　　不必说雅典、罗马、西安、佛罗伦萨这些著名的古城了，即便那些今日已不再举世闻名的古城，也总是尽力保持着历史的骄傲。

　　六年前的一个夜晚，我来到了印度的瓦拉纳西（Varanasi），这个城市现在又称贝拿勒斯（Benares）。粗粗一看，整体生态比较落后，而且好像已经落后很长时间了。如果不是为了要经过它去拜谒佛教圣地鹿野苑，大概不会有兴趣来。但是，我正这么想着，忽然看到街道边有不少塑像，几个街口就有一座，比欧洲的雅典还多。这就表明，这座城市曾经居住过一些杰出人物，这些街道曾经栖息过一些高贵灵魂，而今天的市民愿意天天生活在这些古人的脚下，并向外人展示某种尊严。一问，果然，这座城市无论对印度教还是对佛教来说，曾经都非常重要。正因为重要，各地名流学者都愿意迁居到这里，在这里安度余生，可谓"依神而居，傍圣而老"。结果，这种追随性聚集更增加了这座城市的重要。街头的塑像都不大，纪念的正是那些追随而来的名流学者。今天的旅客从这些塑像，自然会追问这些名流学者追随而来的原因，于是让这座城市出现了两个层次的历史景象。

中国的城市保留的历史遗迹不多，主要有以下几个原因：

一、中国历史在政权更迭、官场颠覆中，习惯于毁损前朝事功，很难超越政治权位而接受永恒。

二、当城市终于在灾难中复苏，又总是以谋求温饱、启动商市为主轴，几乎没有心力保护历史遗迹。想到的，只有少数文人，但他们缺少力量。

三、历来中国民间信奉"万象更新"的哲学，每个家庭的子孙若有发达，都试图通过"除旧布新"的方式来光宗耀祖。

四、城市中有历史价值的房舍多以砖木结构为主，容易蛀霉，更容易被焚，这与欧洲很多"大石结构"的建筑很不相同。

基于上述原因，再加上历次政治风潮的破坏，中国大陆多数城市的历史面貌损伤很大。这几十年的改革开放，保护历史文化的意识渐渐普及，但经济的发展又以另一种方式危及历史文化，在城市建设上出现了不少崭新鲜亮的假古董。面对这种情况，不少有识之士奔命呼号，功劳不小。例如上海同济大学的阮仪三先生，虽然身无职权，却对江南很多城镇的保护起了重要作用。山西省的耿彦波先生则有效利用职权，对该省很多古城区、古宅第、古院落的保护和维修做出了杰出示范，受到中外旅行家的交口称赞。我本人也有幸参与了这一些过程，不断写文章呼吁和阐释，并成为他们的朋友。

当我们经历过不少艰难之后看到很多城市和古镇终于找回自己的历史形象，总是分外高兴。

但是，一想到世界上那些把历史魅力发挥到极致的城市，如意大利的罗马、佛罗伦萨，法国的巴黎，希腊的雅典，西班牙的托莱多，日本的京都、奈良，还是颇感羞愧。

城市的历史魅力，在于它毫不喧闹地向世人展示出了真正具有重大文化生态意义的远年美色，并表现出了今天的市民生活与这种远年美色的自然关系。

然而，这里显然遇到了难题。

一般历史遗迹的保护还比较好办，如果牵涉到整片的生态遗迹，例如三百年前的大片民居和街道，该如何处置？我们首先想到的，当然是全部保留，但这里边要有真实的当代居民吗？如果有，这些居民能不能过当代生活？汽车、电器、服饰该如何处置？这个问题，我本人参加过保护的那些古城镇如山西平遥、江苏周庄都遇到了。甚至，连上海要保存多少"石库门房子"都产生了尖锐的争论。因为在那些老房子里无法容纳现代生活，而一座城市的第一功能毕竟是当代市民的自由居息。比历史更有力量的，是现实人群。

我曾经作为上海市的"咨询策划顾问"，对这个问题提出过三条建议：一是辨别轻重，即通过普查论证，重点保护一座城市里几千幢绝对不能拆除或改建的老房子；二是分割区域，把历史保护区和现代居息区划分开来，在历史保护区不准插建现代高楼，以免破坏历史生态景观；三是对一些不太重要却又值得保存的房舍进行外旧内新的改造，使它们既保持历史外观，又适合当代居住。

当然，对这样的做法，不同的城市有不同的重点。例如西班牙的托莱多显然是注重全面保护，巴黎、罗马显然是注重区域分割，上海历史短，更多地可以采用外旧内新的改造。

以上种种进退拿捏，就是我所说的"与时间斡旋"的本义。所谓"斡旋"，就是与时间"谈判"。作为谈判对手的时间，又分为两种力量，一种面向过去，一种面向当代。如果仅仅是一种力量，就称不上"斡旋"了。这事非常艰难，作为城市建设者的身段，既要坚定，又要灵活，不可偏于一端。我们既不能让市民生活在没有时间记忆的空间里，也不能让他们生活在虚假的历史装饰中。

二、与人群斡旋

我前面说了，在城市里，比历史更有力量的，是现实人群。古希腊哲学家亚里士多德说，人们为了生活而聚集到城市，为了生活得更好而继续聚集下去。

对亚里士多德这种朴实的说法，我在长期考察的过程中有深切的体会。

在贫困而辽阔的大地上，分散居住是一种不幸的生态。我在考察文化遗迹时，曾看到大量这样散居在山间、草原、低地的家庭，实际生活完全不像我们诗人笔下或摄影家镜头中那么美好。道路又远又险，没有抵抗任何自然灾害的能力，无法让子女接受教育，无法及时看病求医，甚至连饮食的来源都大成问题。因此，我是赞成他们迁移，进入城镇化的集中居住。我曾访问过很多"三峡移民"，初一看，他们原来住在美如仙境的悬崖上，要他们迁移到城镇里去太不人道了。但他们自己则完全否定这样的同情。他们说："我们也想过点好日子，不能光让你们看着玩。"

后来我到中东、南亚考察，发现那里的自然条件更不适合分散居住。从古代以来，城市便是那里的人们唯一的居住地。夜晚，当最后一匹骆驼进了城门，随着嘎嘎的关门声，城外就很难再找得到人。

但是，由于聚居的向心力，城市的人口压力以难以想象的速度增长，一系列弊端也随之产生，我们一般称之为"城市病"。所谓城市病，也就是高度集中的人群病。

症状之一是污染，症状之二是拥塞，并由这两大症状造成大量心理和精神病症，直至犯罪。这就证明，人群一旦高度聚集，就会产生不健康、不安静、不安全。或许，这正是人性的弱点因聚集而放大。

那么，我们与人群斡旋，其实是在与人性斡旋了。

照理，污染和拥塞对城市有一种无法抵御的败坏之力。但在城市发展的历史上，有一种神奇的力量出现了。首先在希腊、在罗马，然后在佛罗伦萨、在巴黎，一批批素雅、凝重、轩亮的建筑、雕塑、街道，逐一矗立在人们眼前。开始，也许以神的名义，然后，以皇权或贵族的名义，最后，以审美等级的名义，使那个污染和拥塞的低俗世界懂得了仰望。

也许是神性的力量，人们从审美地狱中看到了审美天堂。

那次在巴黎的塞纳河畔，我与法国的一位女建筑学家展开了一场讨论。她说，她喜欢中国的很多东西，但实在受不了中国在任何重要场合都绘金描银、大红大绿、龙凤飞舞。她说，这在大陆和台湾的许多仿古建筑，以及世界各地的中国餐厅都不可免，而大家都明白，这种色彩的拥塞，是低俗的表现。

我说，这实在是一场历史的大误会。两千五百年前，世界级的思想大师中只有一个人说出了色彩单纯的重要性，而且口气极为强烈："五色令人目盲。"这个人不是希腊人、印度人、巴比伦人，而是中国人，叫老子。中国不仅有理论，而且有实践。例如在绘画上，用单色的水墨画横贯千年，在世界上找不到另外一个民族能够做到。在建筑上，在汉唐时代也是深得简洁素雅之美，这在日本京都、奈良的一些仿唐建筑上还能看到一些影子。后来，大概是清代，低层社会的艳俗审美加上游牧民族的萨满美学，变成了色彩的恶浊泛滥。

我告诉她，不久之后，也许会有一天，中华民族能够找回本来属于它自己的真正的美。

现在，色彩的恶浊泛滥，虽然在海峡两岸的各个城市中还能经常遇见，但已经集中在那些低层街市，而且范围正在缩小，这是让人乐观的地方。

我说这一些，是想借着它们说明一个道理：人群因聚集所产生的污染和拥塞，既可能变本加厉，也可能逐渐化解。一切城市的管理者都要懂得，如何把人群的负面传染转变成正面指引。从众是方便的，指引是困难的，但一座城市的魅力总是出现在指引的层面上。

人群很容易一起沉沦，也很乐于一起抬头。当一个城市的人群习惯于一起抬头的时候，那么，别人也会抬起头来看他们。

三、与文化斡旋

指引人群，其实是文化的职能。

一座城市与文化的关系，现在已变得越来越复杂。原因是，不少城市管理者误认为凡文化总有魅力，一直在用心塑造自己城市的"文化形象"。哪座城市没有几段传说、几处古迹、几本老书、几个文人呢？于是他们详尽张扬，大加夸饰，都以为自己取得了足以压倒其他城市的"文化魅力"。

其实，这里有很多误解。

城市里的文化，并不等于"城市文化"。所谓"城市文化"，严格说来，是指因城市而产生的文化机制。其中包括与别处不同的创作方式、引进方式、传播方式。其结果，是养成了所属市民的文化吐纳习惯。

一座城市里有国际著名乐团来演出，未必说得上是这座城市的城市文化，但是，如果这座城市里为数众多的乐迷对国际乐团的遴选甚为苛刻，每次乐团来到时总会出现一票难求的情景，这就是这座城市的城市文化了。同样的道理，一座城市的某所大学拥有一位国际一流的物理学家，未必与这座城市的文化有关，但是，如果很多市民以他为荣，每有大事发生总想听听他的意见，连他生病都引起广泛的关切，那就成了城市文化的一部分。

前不久在香港，与几位朋友一起讨论香港文化。有的朋友用习惯思维把几位古文教授作为标志，而我则认为，香港文化的核心标志，是当代亚洲商市的时尚文化；至于中国古典文化应该以什么样的面目出现在香港，已由金庸先生做过示范型的创建，有不少电影制作人也在这方面做出了探索。我们完全没有必要以其他城市的标准来硬套香港。

我们很多城市常常过于"谦虚"，放着已经形成的文化定式不屑一顾，总想在千年前的学理和万里外的名校间讨取一点文化形象。结果，往往两头落空，只好一年年痛苦地"研讨"下去。其实，在艰涩的研讨会窗外，就是天天在实际发生的城市文化，真正属于这个城市的城市文化。

在我看来，检验城市文化，有以下一些项目：

第一，文化设施。包括剧场、音乐厅、博物馆、图书馆的齐备和高水准。有些重要的文化遗迹保存，也应纳入博物馆的范畴。文化设施的建设很容易面向过去、面向经典，其实应该更多地面向未来、面向青年，使一座城市展现出开拓性前途。台中市正在争取的古根海姆博物馆，就是这样的设施。我到西班牙北部的毕尔巴鄂，专门去看过那里的一个古根海姆博物馆，确实在无数奇想妙设间，带活了一座沉闷的老工业城市。

第二，文化活动。这是一座城市展现文化魅力的主要场合。这种活动成功的基础，是广大市民的自愿参与，还必须由政府精心安排。在当代，又增加了一个标准，那就是看海内外重要传媒是否对这些活动产生真正的兴趣，并积极报道。一个城市的文化活动，也有可能经过实践的考验和时间的筛选，而走向常规化、仪式化、季节化。这就使文化的短期魅力变成了长久魅力。

第三，文化偶像。一个城市有没有几个既受市民拥戴又被外界熟知的文化偶像，是这座城市文化升级的一个关键性台阶。文化偶像可分为很多等级，影星、歌星固然是，学者、教授也可能是。有时，一个高层专家的存在也可以从根本上改变一座城市的文化景观。例如，萨特对于"二次大战"后丧魂落魄的巴黎，饶宗颐对于被称为"文化沙漠"的香港，都是这样。

第四，文化氛围。文化氛围是一种集体敏感，其中包括集体注意力的聚合机制和调动机制。在特定的文化氛围里，一个城市会形成一系列心照不宣的共同规范，例如对文化信号的辨识，对文化运作的体谅，对文化底线的守护，等等。这种氛围构成一所特殊的学校，使一代代市民在其中接受熏陶，从而使氛围得以延续。

世界各大城市间经常围绕着"文化魅力"的题目，进行互相对比。应该说，具有单向魅力的城市很多，而具有整体性魅力的城市却很少。整体性魅力有一种强大的聚合功能和发射功能，因此这样的城市也就成了公认的国际文化中心。

公认的国际文化中心，在现代，第一名是巴黎，第二名是纽约，这很少有争议。第三名就有不同的意见了，有人说是伦敦，有人说是法兰克福。我本人比较倾向于伦敦。法兰克福的被提出，我看主要有两个因素，一是"法兰克福书展"，二是"法兰克福学派"，两者都达到了国际顶级，但尽管如此，在文化的综合力量上，伦敦还是远远超前。而且，法兰克福的那两个因素，已渐渐褪色。

亚洲的城市间，还没有公认的国际文化中心。有文化魅力的城市很多，甚至比欧洲或美国更多，但几乎都是单项或多项的，而不是整体性的。

当然可以争取，也可以预想。十年之后，会有吗？如果会有，是哪座城市？

四、与自然斡旋

人类最早需要城市，是为了摆脱蛮荒的自然。

但是几千年下来，尤其是近代的工业化和城市化运动以来，事情发生了相反的变化。人们发现，真正"蛮荒"的，倒是在密集人群的竞相污染和互相拥塞中，是在水泥森林和万千窗户的日益逼堵中。于是，人们在城市中渴念自然。

据我所知，早在十九世纪末，已有一个叫霍华德的人秉承"返回自然"的口号提出"花园城市"的设想，并在英国创建了两个把城市生态和农业生态交融在一起的实验地。可惜规模太小，没有造成太大影响。影响较大的倒是法国人戛涅关于分割城市功能区和西班牙人马塔关于把圆形城市拉长为带形城市的理论和实践。

人们很快明白，凭空建造一个与自然相融的新城市很困难。比较现实的做法是在已有的城市中引进和扩大自然的元素，使车水马龙般的紧张嵌入一些绿色的微笑。

我走了世界上那么多地方，觉得欧洲一些大城市在这方面的努力最值得称道。德国首都柏林的城中森林，郁郁苍苍，令人羡慕。相比之下，原来很有名气的环绕城市周边的"维也纳森林"反而被"蚕食"得不太像森林了。

很多城市都有著名的河流穿过，但我觉得巴黎的塞纳河和伦敦的泰晤士河都已经彻底都市化，很少再有自然风味，令人一惊的倒是瑞士首都伯尔尼的阿勒河，没有被城市同化。我在《行者无疆》一书中曾这样描写它：

> 伯尔尼把中心部位让给它，还低眉顺眼地从各个角度来贴近它。它却摆出一副主人气派，水流湍急，水质清澈，无船无网，只知一路奔泻。任何人稍稍走近，就能闻到一股纯粹属于活水的生命气息，这便是它活得强悍的验证。它伸拓出一个深深的峡谷，两边的房舍树丛都恭敬地排列在峡坡上，只有它在运动，只有它在挥洒，其他都是拜谒者、寄生者。由于主次明确，阿勒河保住了自我，也就是保持

住了自己生命的原始状态。与那些已经被城市收服了的山丘、河道相比，它才算真正过好了。

这就像一位草莽英雄落脚京城，看他是否过好了，低要求，看他摆脱草莽多少；高要求，看他保留多少草莽。

现在很多城市的悲剧是，知道自然因素的珍贵，便围着它百般折腾，造别墅群，建度假村，开游乐园，办嘉年华，直到把那些可怜的自然因素逼得珠光宝气、浑身负担，不能再"自然"下去。

这是城市在与自然斡旋中的败笔。这种现象，尤以亚洲的城市为最严重。

出现在城市中的宏大自然因素，如森林，如大河，如湖泊，如山丘，可称之为"第一度自然"。城市中的"第二度自然"更普遍，那就是一些再生性、仿生性的自然因素。

城市里再生性、仿生性的自然因素，触目可见。我喜欢欧洲一些中小城市对于原色木材、原始石灰、原生花草的细心搭配。这些搭配虽然不会让人误认为到了乡村，却在城市中输入了自然界的韵律，一眼看去就神清气爽。北美洲和澳洲的城市比较开阔疏朗，自然的因素呈现得更加大方和浓重。一个个巨大的草坪常常引得亚洲的旅客们十分眼馋。

亚洲也有一个例外，那就是日本。日本的城市生态美学中，特别崇尚再生性、仿生性的自然因素，无漆、无彩、无雕琢，原木、布幔、碎石路……构成一个个既精致又自然的小环境。尤其是日本古典园林的建造，如京都东福寺的枫叶天地，西芳寺的苔藓世界，聚集了自然界的浓密信号，却又尽力抹去人为的印痕，在境界上高于中国的江南园林。

中国的生态美学中往往挤进了太多非自然的因素。除了我前面讲到过的色彩泛滥外，大陆还因为几十年的习惯，至今喜欢在城市中修建大而无当的广场，悬挂谁也不看的标语，十分违背自然生态。我家乡浙江的一些城镇和乡村，本来与自然的关系十分亲密，这些年富裕之后所建造的新房竟然严重背弃自然，用一种近乎欧洲古典又近乎伊斯兰建筑却又什么也不是的轻薄设计，蓝玻璃窗，马赛克墙，屋顶上再竖起一座小型的埃菲尔铁塔……从海宁到萧山的高速公路两旁，密密层层全是这种房子，实在不忍卒睹。昨天我从台北到台中来，公路两旁的景观也不敢恭维，大多是旧工业时代的低层次遗留吧，很难看到可以连贯起来的自然美色，这太遗憾了。

难道，中国人一旦有点富裕，就注定要与自然过不去？

有没有几座城市，能够在与自然的斡旋中做出大手笔的正面示范？

我想迟早会有的。譬如，台中。

胡志强市长，我把城市的题目讲完了，终于完成了一次艰难的班门弄斧。

今天我敢于讲这个题目的身份，是一名流浪过世界上几百座城市的观察者。如果我要换一个身份，从文学的角度讲，内容就会完全不一样了。

在文学角度下的城市是什么呢？也许，是一份拥挤中的孤独，孤独中的拥挤；也许，是一个厌倦了的异乡，异乡中的厌倦；也许，是一种凝定了的无常，无常中的凝定……文学中的城市是个人化的城市，个人化的城市是不值得公开讲述的。那就——谢谢大家吧，谢谢！

胡志强：

今天余教授谈的是城市美学，我运气很好，正好有机会请教。很巧的是，不晓得城市美学最近是否变成了一种显学，大约一个月前，台湾有本杂志找到我做一个专题和对谈，题目就是城市的美与丑。我当时提出一些看法，如果按余教授的标准来衡量，很可能不及格，但我想还是在这里做一个简单的报告，看看差距在哪里，差距的意义何在。

作为一个市长，我对城市的美提出了四个原则：

第一个原则是清静，包括清洁和安静；

第二个原则是健康，包括环保和卫生；

第三个原则是素养，这就是要求市民克服自私、照顾别人；

第四个原则是创意，并在创意中建立城市自身的特色。

我所提的这四个原则，与您表述的宏观角度不大一样。我不知道问题出在哪里，是不是我太局限于自己的城市了，而忽略了全球的观点？

余秋雨：

胡市长，您太客气了！

您所提出的四个原则，简单而又切实，都是城市美学的要旨所在。与我的区别，在于表述的身份和由此产生的表述结构的不同。

您实实在在地管理着这座城市，因此是一种"城里的思考"；我游走天下，要从整体上向人们阐述城市，因此是一种"城外的思考"。您的原则先天是针对城内的，不必区分城市和乡村、集体和个人的不同要求，我不能享有这种先天的设定。所以，一定要从城市的原始本性、人们的聚集理由、聚集的负面效果和解除方法等一系列基本问题上追根溯源。除此之外，您提出的原则要让市民记住，遵照执行；而我做出的论述却要让听众厘清宏观逻辑，明白其中的两难和吊诡。借用西方哲学的概念，您的原则具有"此岸性"，我的论述具有"彼岸性"。

您在城市的闹市区盘算："城市啊，我该怎么收拾你？"我在城外的高坡上苦思："城市啊，你究竟是什么？"

但是大家都听出来了，在实质性内容上，我们所说的话，有很多是互相重叠、不谋而合的。

听众提问：

近年来台湾元宵节活动花费都很高，活动结束后，所有的设备都浪费掉了。依您所见，台湾的元宵节有没有可能像德国的啤酒节，留下一些文化？

余秋雨：

德国的慕尼黑啤酒节确实值得我们学习。

第一，它开辟了一个"暂时地把醉态当作常态的游戏空间"。这样的空间也是人性空间，属于文化。我走在其间，老是想起尼采所说的"酒神精神"。

第二，它远近闻名，参与者中有大量的外地人和外国人，大大提高了城市的吸引力和旅游价值。

第三，它在财务上的耗费很小。主要是耗费啤酒，但啤酒并不是免费的，反而推动了经销。其他种种热闹，都是各种民间企业自然聚集的结果。啤酒节一完，各自移开，只有垃圾要打扫，并没有什么设备会浪费。

听众提问：

现在强调对多元文化的尊重。色彩斑斓并不一定是审美能力的低落，面对很多美的形式，您为什么独独强调素色之美？

余秋雨：

感谢您的这个问题，给了我进一步阐述的机会。

多元文化，以彼此不损害别种文化的存在为前提。斑斓的色彩、喧闹的音响，完全可以发生在自己的住房或工作室里，而一旦进入公共空间，就会造成对别人视听的强加。这是城市文化与旷野文化的根本区别。

这就像刚才胡市长提出的第一项原则清静，是不是压制了那些喜欢摇滚音乐的青年呢？是不是损害了音乐审美上的多元呢？不是。恰恰相反，没有公共空间的清静，就没有自立门户的多元。或者说，公共空间的清静，正是对多元的许诺。

很多中国人到欧洲旅游，总喜欢在公共空间里大声讲话，觉得在那样的自由世界里，自己的话语权利要受到尊重。但他们却让西方朋友皱眉了，因为他们的自由构成了对别人耳目的强暴。

除非，在特定的地区和时间，制定一种公约，建立一个默契。例如，在纽约的时代广场允许色彩和音响的奔泻，在哪个狂欢节上允许以高强度耳目刺激互相制造兴奋，或者像我刚才所说的在慕尼黑啤酒节上，营造一个集体的醉态空间。离开了这种公约和默契，哪怕仅仅一箭之遥，都不被允许了。我看到慕尼黑的警察们总会抬走那些离开了啤酒节区域仍然醉步踉跄的人，因为他们干扰了公共空间的正常秩序。

公共空间的正常秩序有点枯燥，大家都为了尊重他人而自我收敛，这是好事。

其实我自己的审美爱好并不是那么古典，非常喜欢那些具有强烈生命感、骚动感、突破性、怪异性的作品，坚决反对单调和刻板。但是，在户外的街道上，却不能长时间地接受喧闹和斑斓。原石原木的素色，自然花草的衬托，安静中除了轻轻的汽车声和脚步声外，还能听到风声和鸟声，这样的街道，天天都想走下去。

这就是城市的公共规则和天然韵律。

胡市长果然厉害，把清静列为第一项。

听众提问：

您在世界上走了那么多地方，最喜欢、最愿意居住的城市在哪里？

余秋雨：

奥地利的那些山间城镇，以及北欧的一些城市。

胡志强：

北欧的那些城市，您大概不是冬天去的吧？那里的冬天冷得要命，白天又短得要命，下午四点后天就黑了。

余秋雨：

胡市长，我倒是喜欢冬天的北欧。北欧的美，在冰天雪地里才能充分体现。连冰岛和北极圈，我都是冬天去的。漫漫长夜确实有点难于消受，但也会创造一种独特的情调。现任丹麦女王玛格丽特二世说："皇宫那么大，冬夜那么长，我做什么呢？只得把一部部法国小说翻译成丹麦文。"这话实在是说得风雅极了。为这话，我在哥本哈根多逗留了好几天。哥本哈根的市民告诉我，一不小心，还会遇到女王独自骑着自行车到书店去呢。我想，她一定又去买法国小说了。

胡志强：

我最后要向余教授报告，您今天在这里的演讲有三千人坐在下面听，比您在台北市的演讲听众更多。所以，请大家不要只比两市的市长谁的头发多，而要比两市听余教授文化演讲的人哪里多。

我们热忱地欢迎余教授在不远的将来到台中来担任驻市作家。对这件事，我们一定全力配合。

今天听您一席话，我们一定会加快脚步，让台中成为一座美丽的城市。我一直相信，财富会消失，权力会交替，连生命也有终结，只有文化和美，才能永垂不朽。

今天我们为余教授来到台中而感到光荣，希望有一天，余教授会因为台中而感到光荣。

阅读的门径

（1997 年 1 月 9 日）

各位朋友：

中山大学我一定会来，原因之一是余光中先生在这里。大家可能看到，我在一本书的后记中曾经写过，自己的散文集在台湾出版，生怕有几个人看到，首先就是这位与我同姓的先生。今天，居然由他来主持演讲会，演讲的题目又是读书，那我就更胆怯了，有谁敢当着余光中先生的面大谈读书？

但是报纸已经多次预告，今天又有不少其他城市的朋友远道赶来，看来只能硬着头皮给大家提几点读书建议了，请余光中先生和在座诸位指正。

在中国话里，上学也叫读书。今天我们所谈的读书只指课外阅读。课外阅读当然是针对青年学生而言的，但我看到在座又有不少上了年纪的朋友。青年人的读书和成年人的读书在总体上应该是有所区别的，需要分开来讨论。当然这种区分又不是绝对的，有些青年人在阅读上已经成年，有些成年人在阅读上还算青年。

青年人的阅读

一个人的最佳读书状态大多产生在中年以后，但能不能取得这种状态，则取决于青年时期。

中年以后的读书可以随心所欲，而在青年时期却不能过于随意，需要接受一些过来人的指点。

一、尽早把阅读当作一件人生大事

阅读的最大理由是想摆脱平庸。一个人如果在青年时期就开始平庸，那么今后要摆脱平庸就十分困难。

何为平庸？平庸是一种被动而又功利的谋生态度。平庸者常常觉得自己什么也不缺少，其实缺少了一些最根本的东西，例如，他们无感于外部世界的精彩，无感于人类历史的厚重，无感于终极道义的神圣，无感于生命含义的丰富。而他们缺少的这一切，光凭一个人有限的人生经历是无法获得的，因此平庸的队伍总是相当庞大。黄山谷说过："人胸中久不用古今浇灌，则尘俗生其间，照镜觉面目可憎，对人亦语言无味。"这就是平庸的写照。黄山谷认为要摆脱平庸，就要"用古今浇灌"。

只有书籍，能把辽阔的空间和漫长的时间浇灌给你，能把一切高贵生命早已飘散的信号传递给你，能把无数的智慧和美好对比着愚昧和丑陋一起呈现给你。区区五尺之躯，短短几十年光阴，居然能驰骋古今、经天纬地，这种奇迹的产生，至少有一半要归功于阅读。

如此好事，如果等到成年后再来匆匆弥补就有点可惜了，最好在青年时就进入。早一天，就多一份人生的精彩，迟一天，就多一天平庸的困扰。

青年人稚嫩的目光常常产生偏差，误以为是出身、财富、文凭、机运，使有些人超乎一般。然而，在历经沧桑之后才会知道，最重要的是自身生命的质量的高低。生命的质量需要锻铸，阅读是锻铸的重要一环。

二、要把阅读范围延伸到专业之外

阅读专业书籍当然必要，但主要为了今后职业的需要。诸位报考大学的时候，刚刚从中学出来，都还不到二十岁吧，青春的生命那么可爱又那么具有可塑性，却一下子被浇注在某个专业的模坯里直至终老，真是于心何忍。

生命的活力，在于它的弹性。大学时代的生命弹性，除了运动和娱乐之外，更重要的是，学会了对世界整体的自由接纳和自主反应。这，当然是超越专业的。

现在很多大学都发现了学生沉陷于专业的弊病，开设了通识教育课，这是一个很好的办法。但同样作为一门课程，通识教育也存在着狭隘性和被动性。因此，自由的课外阅读不可缺少。

更何况，现在每门专业的内在结构和外部界限都发生了很大的变化，没有足够的整体视野，连专业都很难学好。

三、先找一些名著垫底

大学生的课外阅读，是走向精神成熟的起点，因此先要做一点垫底的工作。

垫什么样的底，就会建什么样的楼。尽量要把底垫得结实一点，但时间不多，要寻找一种省俭方式。最省俭的垫底方式，是选读名著。

有些青年人对名著有一种逆反心理，故意避开，这是孩子气的举动。名著是时间和空间筛选的结果，我们可以不在乎它们，却不能不在乎时间和空间。一部似乎并不怎么样的作品居然被时间和空间首肯，这本身就是一个极有文化深度的悬念，光凭着这个悬念也值得去读一读。

更重要的是，名著因被很多人反复阅读，成了社会词语的前提性素材。我们如果不了解名著，就会在文化沟通中产生严重的障碍。

名著和其他作品相比，在文化方位上是不平等的。它们好像军事上的制高点，占领了它们，很大一片土地就不在话下了。对于专业之外的文化领地，我们没有时间去一寸一寸占领，收取几个制高点就可以了。

对于名著不能平均施力，一个时间只能专啃一本，附带着集中阅读与它有关的书籍，务必把这个制高点完全占领。这是一个似慢实快的办法。书桌上不堆放多种类别的书，更不要摆出博览群书的派头一目十行、一天一本。如果本本都是泛泛而读，到头来就像笨熊掰玉米，掰一个丢一个，满地狼藉却食不果腹。应该反过来，慢慢地啃一本是一本，神定气稳地反复咀玩。那么用不了多久，你的学问规模就影影绰绰地成形了。

有人认为，名著总是艰深的，不如读第二、第三流的作品省力。其实，第一流的作品由于逻辑比较清晰，表述比较果断，个性比较鲜明，形态比较优美，阅读起来不见得比第二流、第三流的作品费力。

那么，如何确认名著呢？这就需要寻找帮助了。过去很多大学者都为青年人开列过"必读书目"，但他们既要顾及各门学问的完整性，又要顾及青年人的多种层面，还要顺便炫耀一下自己的水准，总是把书目开得太长。"必读书目"变成了"重要书目"，可能一辈子也读不完。

因此，我们需要寻找一种更有针对性的小书目。是否有针对性，决定于开书目的人对求助者的了解程度。青年学生不妨找自己信赖的师长做一些必读书目方面的交谈，交谈中要把自己的兴趣、欠缺和已读过的名著告诉师长，这样，师长就能提出一些"对症下药"的建议了。

四、名著读不下去也可以暂时放下

即便是必读书目里的名著，也有读不下去的时候。

读不下去就放下，不要硬读。这就是非专业阅读的潇洒之处。

这么有名的著作也放下？是的，放下。因为你与它没有缘分，或许说暂时无缘。

没有缘分不是指阅读能力，而是指兴奋系统，这是你的生命秘密，别人谁也不会清楚。

阅读是对外部世界的开发，也是对自己生命的开发。开发生命并不是重塑生命，我们的生命并不太坏，没有必要打碎了重塑。地球上的任何开发都应该顺应着地质、地脉，开发生命也是同样，硬撬硬凿会伤筋动骨。如果某个领域的几部代表性名著都读不下去，那就证明你与那个领域整体无缘，想开一点，整体放弃。也许几年后突然读得下去了，说明当初的无缘是暂时现象。

茫茫书海，真正与你有缘的只是一小角。名著如林，真正属于你的也只是几十本。有不少名著属于有缘无缘之间，那也不妨一读，因为知道的范围总应该大于熟悉的范围，熟悉的范围总应该大于拥有的范围。只要有时间，算不上名著的多种书籍也不妨广泛地浏览一下，那里也会有不少既能契合你又能提高你的东西。名著是基础，但不是封闭我们的城堡。

我刚进大学的时候，有两位年老的图书馆管理员笑眯眯地告诉我，他们能从一年级学生的借书卡上预测这些学生将来的成就，几乎是百试不爽。毫无规律胡乱借书的很难有希望，穷几年之力死啃一大堆名著的也不会有太大的出息；借书卡上过于疏空当然令人叹息，借书卡上密密麻麻也叫人摇头。

五、有一两个文化偶像不是坏事

在选读名著的过程中，最终会遇到几部名著、几位名家与你情投意合。你着迷了，不仅反复阅读，而且还会寻找他们的其他著作，搜罗他们的传记，成为他们的崇拜者。我的一位朋友说他一听到辛弃疾的名字就会脸红心跳，我在读大学时对法国作家雨果也有类似的情景。这就是平常所说的偶像。

偶像的出现，是阅读的一个崭新阶段的开始。能够与一位世界级的文化名人魂魄与共，真是莫大的幸福。然而更深刻的问题在于，你为什么与他如此心心相印？不完全是由于他的学问、艺术和名声，因为有很多比他学问更高、艺术更精、名声更大的人物却没有在你心底产生这样强烈的感应。根本的理由也许是，你的生命与他的生命，有某种"同构关系"，他是你精神血缘上的前辈姻亲。暗暗地认下这门亲，对你很有好处。

同构不等于同级。他是万人瞩目的文化名人，你是籍籍无名的青年学生，但他的存在证明，你所进入的生命系统的某些部分，一旦升腾，会达到何等壮美的高度，于是你也就找到了一条通向崇高的缆绳。

有的同学把崇拜文化偶像看作幼稚行为，成天懒洋洋地对一切可以仰望的对象爱理不理，偶尔心有所动也快速地自我熄灭，实在是坐失了很多良机。

那些读了一辈子书却说不出最喜爱哪几部著作、哪几位作者的人，即便是学富五车的老学者，我也不敢恭维。在如此广阔的文化天地中失去了仰望的兴致，失去了亲和的热量，失去了趋附的动力，整个儿成了一尊冷眼面世的泥塑木雕，那还说得上什么？

六、青年人应立足于个人静读

青年人读了书，喜欢互相讨论。互相讨论能构建起一种兴趣场和信息场，单独的感受流通起来了，而流通往往能够增值。

但是总的说来，阅读是个人的事。字字句句都要由自己的心灵去默默感应，很多最重要的感受无法诉诸言表。阅读的程序主要由自己的生命线索来缩接，而细若游丝的生命线索是要小心翼翼地抽离和维护的。这一切，都有可能被热闹所毁损。更何况我们还是学生，即使有点浮浅的感受也不具备向外传播的价值。在同学间高谈阔论易生意气，而一有意气就会坠入片面，使浮浅变得更加浮浅。

就像看完一部感人至深的电影，一个善于吸收的观众总喜欢独个儿静静地走一会儿，慢慢体味着一个个镜头、一句句台词，咀嚼着艺术家埋藏其间的良苦用心，而不会像有些青年那样，还没有出电影院的门就热烈谈论开来了。在很多情况下，青年人竞争式的谈论很可能是一种耗散，越是面对精雅的作品越不应该这样。

等到毕业之后，大家在人生感受上日趋成熟，而在阅读上却成了孤立无援的流浪者，这倒需要寻找机会多交流读书信息了。那是后话，过一会儿再说。

七、资料检索不宜多做

过去读书，有一个经常被传授的方法，那就是勤奋地做读书卡片。读到自己有兴趣的观点和资料，立即抄录在卡片上，几个月之后把一大堆卡片整理一番，分门别类地存放好，以后什么时候要用，只要抽出有关的一叠，自己也就可以获得一种有论有据、旁征博引的从容。

这种方法，到了现在，就变成了电脑检索，随手一按，资料就密集而快速地涌现，实在是方便极了。

但是，这种方便的检索，并不是我们所说的阅读。密集的是碎片，而不是整体；快速的是扫描，而不是品位；撷取的是表象，而不是灵魂。

有人说，检索资料是为了弥补自己记忆力的亏缺。然而我认为，不是以学术为目的的性情阅读，就是与自身记忆力的一场有趣斡旋。这中间，遗忘，是一种自然筛选。没有遗忘，就没有曲径扫净、门院渐静的最高阅读境界。

即便在没有电脑的情况下，阅读中一些深切触动内心的内容，想丢也丢不掉。这一现象，增添了我们对于自身精神吐纳的自信。

记不住当然是大量的，但记不住的内容又分两个部分，一部分是真实的遗忘，一部分是无形的沉潜。

属于真实遗忘的那部分，不必可惜，就让它遗忘吧，能遗忘也是一个人自由自主的表现。太监之所以要记住宫中生活的每一个细节，因为他不能自由自主，不敢遗忘。正是遗忘，验证着生命结构的独立。

至于无形沉潜的那部分，我想大家都有过体会。在一定场合，由于一定的需要，居然把多年前早就淡忘了的印象搅动起来了，使自己也大吃一惊。苏辙曾说"早岁读书无甚解，晚年省事有奇功"，翻译成现代口语，大致意思是：早年读书似乎没有深刻理解的地方，在晚年审察事物时却发挥了奇特的功效。这便是记忆的沉潜。人类的大脑机能十分神奇，该记住的总会记住，该忘记的总会忘记，该失而复得的总会失而复得，轻轻松松读下去就是了。

我不主张在课外阅读中依赖电脑检索，却赞成写一些读书笔记。概括全书的神采和脉络，记述自己的理解和感受。这种读书笔记，既在描述书，又在描述自己。每一篇都不要太长，把即时的感受提炼成见识。

八、有空到书店走走

大学生的阅读资源，主要来自电脑和图书馆。但是，我希望大家有空也到书店走走。书店当然比图书馆狭小得多，但它是很有意思的文化前沿。当代人的精神劳作有什么走向？这些走向与社会走向有什么关系？又被大众接受到什么程度？解答这些疑问的最好场所是书店。

崭新的纸页，鲜亮的封面，夸张的宣传，繁忙的销售，处处让你感受到书籍文明热气腾腾的创造状态，而创造，总是给人一种愉悦的力量。这种力量对读书人有一种莫名的滋养。你可以关注一下畅销书排行榜，判断一下买书的人群，然后，也准备为自己选几本书。在书店选书与在图书馆有所不同，对于重要的书，你会反复考虑永久性拥有的必要性，于是在书架前进行着一次次短短的自我拷问。

成年人的阅读

如果说，我们谈青年人的阅读是指课外阅读，那么，谈成年人的阅读则是指业余阅读。

青年人读书和成年人读书的区别，可以借用朱熹的一个比喻。他说学习就像炼丹，先要用猛火炸，再用文火慢慢养。青年人在大学里的系统集中学习，就像是猛火炸，而到了成年人的业余阅读，就像用文火养了，两者有很大的不同。

一、首要原则是保持阅读快乐

成年人在业余时间读书，成败得失，就看他能否保持快乐。快乐是绵绵不绝的暖风，使炼丹的文火不至于熄灭。

业余阅读只是兴趣，不必为此承担太多的义务，承受太大的压力。有的朋友好心提倡读书，可能把成年人业余阅读的意义过于扩大了，好像人的雅俗优劣都以此为界限。哪能呢？社会上很多满腹经纶的人颇为丑恶，而很多不大读书的人倒清朗可亲。

但是成年人在诸种人生乐趣中增加阅读一项，则让人赞许。一个银行家、一个船长，或一个工人，稍有空就拿出几本书读读，是一种很不错的人生格调。这种格调使他有可能保留一块高于日常事务的小天地，成为当代社会中更为洒脱的一员。

但是，如果这样的阅读因太多的自我强制而夹杂着不太快乐的成分，那就很难坚持下去。

阅读的快乐，是对阅读这件事的最高肯定。阅读的快乐原则，也就是阅读的自愿原则和有效原则。

在成年人眼前没有"必读书目"。重要的书籍找来看一看，只因为他关心这种重要；畅销的书籍找来翻一翻，只因为他乐于知道为什么畅销；有一些缺漏的书籍他要找来补一补，只因为他不太喜欢过于落伍。总之，主要取决于他的心情，而不取决于斩钉截铁的必要。

即使很长时间搁置了阅读也不要紧，只要把快乐保持在心底，到时候又会久别重逢、两相欢谐。

二、故意跳开自己的阅读惯性

成年人对自己早就具备充分的把握力，因此完全不必担心看了几本异书就会失去人生根基。既然如此，成年人的阅读与兴趣可以放任跳跃一下，看看远离自身等级和层面的地方究竟是一个什么世界。如果一看之下颇觉愉快，那也不妨多看一点。所谓性情中人，就是在哪一方面都不装"假正经"。

张爱玲经常阅读小报上格调不高的低俗小说，以致她后来的丈夫赖雅总是惊讶她整天看些不入流的东西竟然能写出不错的小说，当面嘲笑她看的东西都是"垃圾"。张爱玲也报以一笑，不作声辩。

据我所知，很多高层知识分子喜欢看的电影并不"高层"，更多的倒是警匪片和武侠片。

我本人前些年特别感兴趣的是草莽文化、乞丐文化和青楼文化，只要有资料，哪怕是再芜杂也会找来细读。这种兴趣，也不见得是为了写哪部著作、哪篇文章。

这些例子说明，成年人的一种重要兴趣是移位观望。只有守住了本位的人才会深感单一方位的严重缺陷，从而产生补充的好奇。

这种补充也是一种轻松的消遣，与主流文化和严肃文化颇有距离。上了年纪的读书人，需要在野地间随意徜徉，最后会发现野地的风光也别开眼界。

这样做，很有可能出现"歪打正着"的效果。暂离主流文化、严肃文化进行移位阅读，所接触的是一种更为开阔的世俗文化、边缘文化和生态文化。

世俗文化就是当代一切高水准的文化学者都在关注的对象，不了解世俗文化就很难被称之为当代文化。而且，现代文化都讲究逆反思维、边缘思维和晦涩地带的模糊思维，如果没有东翻西翻的阅读习惯，怎么能提供这方面的素材？因此，成年人受好奇心驱使胡乱阅读，倒可能使自己的文化目光无远弗届。

在阅读上放任自流，对青年人不太适合，对成年人反成正果。

三、放几本老书经常翻翻

成年人有时会害怕，怕岁月沧桑磨去了早年的文化积累。面对当今的书海，他们会产生一种隐隐的失落感。

这种心情很可理解，但不必成为负累，因为成年人的文化积累已经悄悄地体现在立身处世、谈笑举止之间。如果除此之外你还想重温以前曾经迷醉过的文化神韵，乐于在日常生活中保存更多的书生情怀，那么，我建议不妨在手边放几本真正喜爱的老书经常翻翻。

这些老书带有"牵头"的功能，你在阅读它们的时候会牵动自己在这一领域的碎片贮存，甚至有可能把一大片文化感觉调动起来。"窥一斑而知全豹"，先决条件是对全豹曾经熟悉，没有必要一个斑、一个斑地重新再看一遍。

这种牵头式的重温，事半功倍。

我认识一位俄文教授，在"文革"十年的荒凉岁月里，只要有可能，每天必读一段早年熟悉的托尔斯泰原著。结果十年下来，他心中的俄罗斯文学，他口中的俄语，全都草木葱茏，毫无萎谢。

还认识一位因冤案而流落为马车夫的文人，破烂的行囊中一直揣着一本《离骚》，有空就拿出来吟咏几句。多年后冤案平反，他重上讲台时神色翩然。

这些苦难中的故事都启示我们，仅仅一二本老书，也会让我们保留住一个世界。

四、不要抵拒最新名著

我发现很多年长的文化人有一种毛病，他们对最新的社会动态倒是乐于关心，但对最新的文化现象却不屑一顾。这是一个自立后的文化生命的消极自卫，情有可原却需要警惕。

最新的文化现象有很多是对原有文化系统的逃逸和叛逆，常使成年人觉得刺眼。成年人有许多皇皇经典作为背景，自然会以一种居高临下的态度加以评判。记得我在一篇回忆散文中写到故乡山村的一些老大爷，经常嘲笑外来的流浪者口音难听，我们也跟着一起嘲笑，直到有一天自己上了火车，没有人能听懂我的方言，才发现真正应该被嘲笑的也许不是别人。

文化的魅力在于多元，文化的生命在于创造，因此在文化领域注定年年月月会涌现出大量的怪异和陌生，这当然会对已有稳定人格的成年人带来不适应。但是不适应并非永远是一件坏事情，如果我们的人生处处都是轻车熟路，活着还有什么滋味？

成年人读书，应该提防的不是不适应，而是对不适应所采取的那种嗤之以鼻、义愤填膺的态度。这种态度会给你带来很大的不快乐，也会使你的精神园地越变越狭小。

人间的快乐，莫过于对世界万物的顾盼和容纳，对自己襟怀耳目的开拓和舒展。这儿正用得着王羲之《兰亭序》里的那几句话："仰观宇宙之大，俯察品类之盛，所以游目骋怀，足以极视听之娱，信可乐也。"

这也可以说是成年人阅读心态的极致。

五、建一个比较像样的藏书室

成年读书人从青年时代就开始一本本买书，应该积累不少书了，个人经济又已经裕如，何不干脆张罗一个比较像样的藏书室？

个人藏书室可以使你长年流动的文化思绪获得固定，使你埋藏心底的知识结构变得可触可摸，也使你在阅读上的重温和开拓变得轻松和方便。

个人藏书室是一个有魅力的空间，文化的生命与自己的生命在这里默默对峙和对流，这是电脑检索无法比拟的。

个人藏书室因人而异，对一般的读者来说当然不必很大。但是，只要建立，就要力求像模像样。试着把已存的书籍全部放上书架看一看，一定会发现作为一个藏书室缺漏了很多东西。例如在平日的随意购买中，完整的工具书、成套的经典未必会去问津，但在藏书室中却不能缺少。藏书室也是你文化品位的一种显示，因此要把自己长久景仰而又没有买来的著作恭恭敬敬地补上。这样，你置身其间，既会增添自信，又会增添谦虚。

在建立个人藏书室的当口上，你必然会多到书店去几次，买进你在精神领域的昨天、今天和明天。

六、使个人藏书变成一潭活水

对明天的预期毕竟只是预期，当明天真正到来的时候还会发生变化。真正的明天不仅会矫正预期中的明天，而且还会对昨天和今天做出矫正。于是，几年前构建的藏书室风景会渐渐变得暗淡。

如果任其暗淡下去，其结果，要不是你对藏书室慢慢疏离，那就是你与时代慢慢脱节。为了阻止这两种情况的发生，只能使藏书室吐故纳新，变成一潭活水。

当新书一批批进入之后，原先的藏书系统受到了冲击。除了经典和名著没有遇到太大的问题外，最麻烦的是那些曾经一本本认真研读过的引渡性书籍和社会性书籍，数量巨大而整体贬值。

也许你已经被引渡到了彼岸，当初的竹筏成了继续赶路的累赘；也许社会发展太快，当初关心的社会课题已经成了隔世之谈；也许自己的鉴赏能力确实是在进步，当初喜欢过的很多作品成了明日黄花……对这些书不能鄙视，因为它们曾经辅助过你、滋养过你、伴随过你，但既然不可能再去翻阅，又没有资格成为历史资料来保存，那就不必留在书架上了。

我见过一些老学者的书房，不同时期的版本琳琅满目，但由于主人至今还在时时有效地运用它们，再陈旧也还浸润着一些生命的亮色。同时，也见过另外一些书房，陈旧的书册已经长久未曾问津，活像一堵肮脏的颓墙。如果走近前去细细一看，确实觉得那只是一种惰性滞留。房舍并不宽大，这种滞留未免让人身心不畅。

我上一次搬家，遗弃的书籍多达五千余册。朋友们大惑不解，我的心情也非常复杂。就像小学课程教会了我算术、作文，中学课程教会了我物理、几何，我当然终生感激，但不能因此把那些课本、作业都保留着，把那些老师供奉在身边。人生是一个过程，如果把每一个阶段的遗留物全都压在肩上，今后的路还怎么走？而且，那些明明对我已经失去效用的东西继续陈列在那里，天天暴露它们的落伍和无效，也是对它们的不厚道。

有时，甚至对工具书也会投去疑惑的目光，因为在书店看到，一种更齐全、更方便、更实用的同类工具书已经出版。生气勃勃的出版家又会一次次重新包装经典和名著，有些重新包装已漂亮得让人爱不释手。既然如此，除了真正的有珍藏价值的老版本外，也可以更换。因为一次次的爱不释手，会给藏书室带来无穷的生机。

七、把阅读的兴趣与朋友们分享

成年人的阅读兴趣，应该寻找机会适当表述。大家应该记得，我不赞成初入书海的大学生高谈阔论，但成年人在这个问题上正好相反。大学生应立足静读，成年人却应该更多地交流。

除了学者文人，一般的成年人已经远离了文化气场，即便喜爱读书也缺少周边环境。加上公务私事繁杂，他们谈论读书的机会少而又少。成年人又懂得交际分寸，知道在友人们面前卖弄学问会使别人尴尬，因此，谈论的可能就更小了。这种情况，对于自由阅读十分不利。

找几位书友聊聊是一个办法，但是我更为倾心的是那种越界谈论。明明与一群企业界的朋友谈着商业问题，突然间引出了最近海外一本名著的内容，朋友们略带惊讶地注意倾听，听下来都觉得颇有收益。

亲戚来访、同事聚会，都不必故意讳避你新近的读书心得。所有的文明人都有文化向往，你所发出的阅读信号会使聚会的气氛升高一个层次，某种意义上也为你的友情圈增加了一个交往前提。你在随口交谈中，让人看到文化与各种事业可以融合得轻松愉快。这种社会功效会一传十、十传百地传播，一个以阅读为起点的文化接力赛也就悄悄地展开了。如果这样的情景多次重复，那么你就会对自己的阅读行为产生一种全新的认识。

八、有没有可能写点什么

写和读的关系，是一种天然的吐纳关系。只纳不吐，不仅消化不良，还会产生恶性壅阻。我们也许都见过一些成天读书却从来不说什么、不写什么，也不想什么的读书人，他们淡然的风度不无可喜，但长久的无效难道就不会导致无聊？吸收了那么多东西，总需要有所运动、有所倾吐。谈话是一种倾吐，而写作，则是一种更深入、更系统的倾吐。

当然也不必成为专职的写作人，只是在阅读之后随意写点什么，对自己的感受略加梳理。这样就构成了一个健康的循环圈，自己的活力、文化的活力都会在循环过程中有所递增。

——关于读书我已经讲得太多了，喜爱读书的人一谈到读书往往就会有这个毛病，在座的诸位一定能够体谅。

刚刚才发现连校长、副校长也坐在下面听，而校长、副校长的学术成就我早有所闻。这不能不使我又想到"班门弄斧"这个成语，更何况还有一位大鲁班正坐在我身边。这情景再往下想，我连结束的语言也找不到了。那就只能干脆不想，赶快结束。

谢谢！

写作的奥秘

（1997 年 1 月 4 日）

各位朋友：

承蒙大家信任，这次来台湾有那么多地方邀请演讲。每次被邀，我都要问邀请者，希望我讲点什么，邀请者提出最多的题目是如何写作。我听了总会想方设法躲开，努力换成其他讲题。邀请者常常觉得奇怪，一个写作人为什么那么怕谈写作呢？我想一切写作人大多能体谅我的心情。

如果是谈写作方法，那么，任何一个比较像样的写作人都会告诉大家：写作无常法。最基本的方法也有一些，可惜中学语文老师都谈过了。

如果是谈写作动机，那么，每一次执笔的具体动机都是很偶然的，谈出来没有什么意思；至于整体动机，更是无从说起。美国有人曾向许多知名作家寄发问卷，结果最普遍的问答居然是：

你为什么写作？

因为我想写作。

如果是谈写作内容，那么作品本身就是内容。倘若在作品之外还有必要谈，只能说明作品本身还没有表述明白。那就修改作品吧，何苦讲来讲去？

如果是谈写作得失，那么杜甫早就说过："文章千古事，得失寸心知。"明明只有凭着寸心才能感受的那一点神秘，公然拿到大庭广众之下侃侃而谈，不仅别人感到滑稽，连自己的寸心也没法答应。

除此之外，还能谈什么呢？好像没有了。

但是我又没有拒绝的权利。一个写作人，可以拒绝赴约，可以拒绝开门，却不能拒绝读者的提问。人家在浩瀚的书海中找到你的书，读得那么认真，读着读着总想问点什么。很多作者死了，问不到，而你正巧活着。

想来想去，有以下两个方面可以勉强作答——

第一个方面，是拿起笔来写作的人需要注意的一些最粗浅的规矩。我把这些规矩称为"写作的心理底线"。

另一个方面，是我个人在写作中的一些感受。这只属于个人，没有普遍意义。读者听了心里明白：哦，有一个人是这样写作的。

两个方面，心理底线六点，个人感受四点，加在一起共十点。

写作的心理底线

写作这件事，是写作人与读者之间的心理沟通。素昧平生的读者有一些心理底线，这也就决定了写作人的心理底线。

一、你与读者未曾签约

读者没有义务要去兴致勃勃地读哪一位作家的作品。这一点，初学写作的人大多明白，但当他稍有名气，往往就迷惑了，以为自己有了一个稳定的读者群，自己的名字就是契约。真实情况并非如此。

我曾经很喜欢契诃夫、茨威格的短篇小说，提起他们的名字就高兴，但他们的全集却远远没有读完。照理他们的名字对我已建立了某种心理契约，但读到不喜欢的篇章依然放弃，那种契约并不存在。

有几位世界级的文学大师，他们的作品我曾通读过一遍，经常会产生重读的欲望。但每次从书架上取下他们的著作，正襟危坐准备恭读时，往往翻不了几页就放下了。怎么这样沉闷？或许是一百年前的节奏？……诸如此类，我轻易地做了绝情的人。

写作人自己也是读者，总该从自己的阅读心理上领悟：不存在永远忠实的读者，不存在那个想象中的契约。

那就是说，什么时候都没有理由自我放任、松松垮垮，让读者去听你的胡乱闲聊、重复唠叨。每一篇都是一个新开始，每一句都需要有一份新诚恳。曾国藩说，立身处世，在乎"敬"、"诚"二字，写作人也要每时每刻以敬、诚面对读者。不管以前的文章已经为你添加了多少声势，你也不可以仗势欺人；不管以前的文章已经为你集结了多少读者，你也不可以恃宠要泼。

恭敬和诚恳极有感染力，人们从第一句话、第一个眼神就能领会，因此常常是一次美好交谈的起点。相反，没有恭敬和诚恳，即便滔滔言辞间充满了机智、诙谐，即便人们也频频点头、畅怀欢笑，心底里总存着一层隔膜。

那么，请别匆忙提笔。先把写字台收拾干净，然后再收拾一下自己的心情。静静地坐一会儿，吐出残留的浊气。胸襟是空灵的，空灵中有一个又高又远的背景。在这个高远的背景下你再仔细搜寻一下，刚才想提笔的冲动还剩下多少。如果它还存在，那就是一个好兆头。

与这个冲动相伴随，你一定已经有多种零碎的积累，有不少灵感的火花，有很多跳荡的佳句，但这一切都不能直接通向文章。正如罗曼·罗兰所说的，不要直接走进那个典仪，先在自己的房间里安静一阵。需要有这样一个收拾心情的时间，因为你面临的是一次隆重的交谈。交谈的召集人是你，交谈的主角也是你。

被你邀请的客人中，既有一些老朋友，又有更多的陌生人。如果太随意，你又有什么资格邀请他们？

事实上，客人对我们的失望，常常超过对我们的惊喜。

哪怕写了一辈子，写到最后一篇文章，也不要企望读者的信任惯性。写坏最后一篇文章是极有可能的事，到时候只能再一次领悟：我与读者未曾签约。

二、没有吸引力等于没写

尊重读者，首先要吸引读者。

一生中有几本书不能吸引读者，这几本书等于白写；一本书中有几篇文章不能吸引读者，这几篇文章等于白写；一篇文章中有几句话不能吸引读者，这几句话等于白写。

完全不考虑吸引力而自命清高，也是一种人生态度，有时候还是一种值得仰望的人生态度。抱有这种人生态度的人可以做很多事情，就是不适合写文章。

当然我这里所说的文章只限于文学范畴，不包括学术论文。但是我作为一个也曾经长期从事学术研究的人需要补充一句：即便是学术论文也应该具有起码的吸引力，只不过吸引的范围和方式不同罢了。

对读者的吸引力并不等于招惹读者。吸引力的内在依据是文章本身的张力。张力往往因问题而引起，如果完全没有追索问题、展示问题、阐释问题、解决问题的欲望，文章就没有开弓之力，那怎么射得出去呢？

问题是泛化的。对于剧本，问题常常呈现为危机和冲突；对于散文、诗歌、小说，问题常常呈现为困惑、麻烦、好奇、惊讶。这些问题只要存在，便有张力。

张力又因激情而增加。世上的问题数不胜数，能引起你激情的则很少，因此，所谓激情，是你生命的一种诚恳投入。冰冷的文章是谈不到张力的，只不过，在某些高手笔下，热量蕴藏在冰冷的外表下，那反倒因为冷热反差而别具张力。

除了内在张力，文章的吸引力也要依仗一些技巧性措施。悬念的布置、节奏的调节、抑扬的搭配，都应该讲究。也有少数老手，把这些讲究变成了本能性的习惯，不必多加考虑就处处妥帖。就像古代诗人，随口一吟便合乎平仄，又像表演大师，放松一演也步步见彩，于是有人总结说，最高的技巧是放弃技巧。但是，能达到这个水平的有几人？在多数情况下还需多加烊炼。

除此之外，还需要心存一种检查机制，看看何处出现了厌倦性因素。一旦发现，立即清除。医生检查病人需要做心电图，我们在写作和修改的时候也等于在做心电图。既是文章的心电图，又是读者的心电图。心电图一旦出现平直线，就有死亡信息在觊觎，必须立即采取措施，把生命重新激活。

我在修改文章时也常常把自己转换成一个医生，用尽量苛刻的目光检查每一个段落的"心电图"，看看有哪些平直线出现了，有哪些令读者厌倦的硬块需要剔除。可惜等到发表时，仍然会发现不少硬块还是从我眼皮底下逃过去了，真对不起读者。

总之，没有吸引力的文章是没有读者的，没有读者的文章是没有存在意义的。

三、语言感觉来自耳目

文章由语言组成，文学的语言则由感觉组成。由小感觉组成大感觉，由具体感觉组成整体感觉。文学的世界，说到底是一个由语言营造感觉的世界。

但是，很多写作人常常搞错，以为文学的感觉仅仅是自己的感觉，于是便在文章中把自己的感觉直接抒发出来：我愤恨，我兴奋，我惊讶，我叹息……这种情况用一句挖苦的话来说，便是"自我感觉过于良好"。

其实，直抒感觉往往葬送感觉。

一个写作人一会儿产生这样的感觉，一会儿产生那样的感觉，与读者何关？感觉人人都有，为什么独独那些以写作为业的人的感觉需要别人注意？

这是不公平的。

写作人要做的，是引发读者的感觉。他们真正的本事，是把许多互不相识的读者的感觉系统一一调动起来，使人人都感同身受。

那么，读者的感觉怎么才能引发出来呢？无数事实证明，首先通过耳目直觉。要让读者仿佛听到、仿佛看到，他们原本漠然的感知系统才能渐渐蠕动起来。

就像在生活中，你要向朋友讲一件事，如果事情比较复杂，你又想在复杂中说服对方，那么，最好不要急于把你的判断和情绪早早地端出来，而是应该平静地叙述事情的具体过程，描述当时的情景，连重要细节也不要放过。这些描述，就能使朋友产生仿佛听到、仿佛看到的效果。可以想象，过不了多久，朋友就会跟着你的思路走了。而且他们是那样自愿，并不认为受了你的判断和情绪的左右。

除了少数特例外，世上的好文章总是从调动读者的耳目开始。即便是现代派和后现代的文章，虽然让感觉层面脱离了传统逻辑而自由组接，但那些感觉层面往往更具有强烈的耳目冲击力。

评价一本回忆录写得好不好，有没有文学质素，首先就看它保留了多少耳目感觉。可惜很多回忆录只剩下了大事记，以及自己对这些大事的参与程度和内心评判。这样的回忆录，对于广大读者来说，实在是太隔膜了。偶尔读到一段具体描写，则如久旱逢雨，涓滴不弃。然而这样的雨水常常转眼即逝，很快又进入文字的旱季。

如果一位作家为一位退休政要写回忆录，两方的最大纠缠可能就在这一点上。作家反复地追问细节，连那天的气温、当事人的衣着、房间里的布置都不放过，而政要则十分纳闷：写这一些干什么呢？他关注的是一个个会议、一份份讲稿。但是几乎所有的读者都知道，作家是对的。

由此反观文学，我们就知道不少作品的毛病出在哪儿了。

写作中保持耳目直觉，就有可能使作品产生一种水灵灵、毛茸茸的质感，这也就保持了文学的基元性优势。文学最怕风干，最怕提炼成化学物质。对此，十九世纪俄罗斯文学评论家别林斯基曾用一个最简单的句子告诫作家：糖精不是糖。

现在不是都在讲究生态保护吗？那么，文学园地就是人类在精神领域的一块绿色基地。

当然，写作人对耳目直觉也不能无节制地大肆铺陈。把一朵云、一棵树、一件旧衣服写上几百字，这是以描写之名在卖弄文笔。本想引发读者感觉，反倒成了对读者感觉的剥夺。引发感觉，是对读者主动性的尊重；剥夺感觉，是对读者的轻蔑和骚扰。

用最精练的笔墨，把读者的感觉点化一下，而自己想说的一切则悄悄地隐潜在这种感觉中，才算到位。在举重若轻之中，让读者不是在理念上而是在感觉上接受你，才是高手。

四、尽量不要自作多情

对很多写作人来说，撕破感觉层面而生硬跳出来的，常常不是理念，而是感情。

但是，必须警惕感情。

有些写作人委屈地说：我抒发的是我心底的真情，难道连真情也不能打动读者？

美国女学者苏珊·朗格由此提出了一个界限，认为在文学艺术创作中，必须区分个别感情和整体感情。她所说的整体感情，是指个人感情中具有人类价值的部分。这种感情潜藏在人人心底，一被弹拨，就能感应。

与前面所说的耳目直觉相比，读者的感情激发要艰难很多、吝啬得多。

人类的情感世界是一个深不可测的迷宫，其中有许多防卫装置，要进入其中，障碍重重。

记得欧洲有一位心理学家说过，如果作家一开始就把感情的水盆泼向读者，读者的心里立即会产生感情抵拒。

写作人处置情感的基本要诀，是收敛和从容。因为我们所需要的是读者感情的自愿投入，只有收敛，才能给读者以空间；只有从容，才能给读者以信任。挖好了沟渠，读者的感情洪流迟早会流泻过来，如果一味是自己滚滚滔滔，哪里还有读者流泻的余地？

这些道理，算不得写作原理，更多的倒是得之于人情世故。一位美国的交际学家说，年轻夫妇刚有孩子，总喜欢写长长的信给朋友，描述自己的宝贝儿子如何调皮、如何聪明、如何可爱。即使是他们最好的朋友，看到这几页也总是匆匆翻过。

年轻夫妇所写的无疑是真情，他们的朋友也没有背叛友情，全部问题只在于：写得太多了。

我们与读者的关系，远不如那些年轻夫妇和他们朋友的关系，那么，你在文章中写了那么多的真实感情，怎能担保读者不会匆匆翻过？

五、把握常情避开常识

写作人要想打动很多人的心，必然离不开常情。苏珊·朗格所说的普遍感情，在很大程度上接近于中国人所说的常情。

人类的基本感情不能创造。因为正是这种基本感情，为读者提供了理解和感应的最终可能。失去了这种最终可能，一切构思如沙上筑塔；而具备了这种最终可能，任何奇想异设都能成立。《西游记》笔涉神怪，但唐僧、孙悟空、猪八戒、沙和尚几位的师徒关系，是如此合乎常情，几乎在任何一个铁匠铺、木匠铺的师徒之间都能找到。正因为如此，他们的故事再怪异，读者也能亲切感受。同样，科幻作品中的超人和星际大战，不管生态如何奇特，人际关怀、喜怒哀乐，仍在常情范畴之内。

现代派作家往往故意背离常情，但这种背离仍然以常情作坐标。它们从侧面证明常情之所在。

然而，很多并非现代派的写作人，却常常无视常情。为一种非人性的理念，为一种他人无法感受的自呓，甚至为一句狂热的口号、一项狭隘的政策、一个偏执的信念，轻而易举地放弃了常情。但是，放弃了常情，往往也就放弃了文学。

世界上最优秀的作家，总是最能用常人的目光和情怀来叙述一个个精彩的故事，因此他们的作品具有全人类的价值，他们的读者遍布世界各地。这真是平凡和伟大的相辅相成。

文学艺术讲究创新，但世间并无全新的事。有所保守，才能有所创新。最值得我们保守的，不是观念，不是形式，不是文体，而是常情。只有把持住了它，才能给创新以最大的许诺。

说到这里又必须当心了，因为在某些写作人那里，常情往往与常识相混同。尤其是，许多社会常识、人生常识，因很难与常情严格划分，混同极有可能。

在一个经济发达、教育普及的社会里，总是密集着大量的知识性、开导性的读物，这些读物因广泛的社会需要而产生竞争，又因竞争而日臻优美，这本是好事，但也容易产生一种负面效果，即以这类作品挤压了本来就很狭小的文学天地。很多青年正是通过这些读物来叩文学之门的，那就更会产生误会。为此，一切举起文学之笔的青年，都要狠狠心避开常识阐述，来写生命内层的一些东西。文学是一种专门弥补常识社会不足的职业，既然如此，我们怎能"补有余而损不足"呢？

六、神情比话题更为重要

写作人考虑最多的往往是写什么，其实，写什么不重要，重要的是怎么写。

那就像朋友间的轻松交谈，谈什么都可以，无拘无束，但是愉不愉快，就看谈话时的神情和韵味。

对于多数写作者来说，好话题易得，好神情、好韵味难求。

为什么会这样呢？原因之一，长期养成寻找话题的习惯，不知神情和韵味为何物；原因之二，话题可凭机智而得，而神情和韵味只能求之于人格，难得多了。

但是不要被"人格"二字吓退，谁的人格结构中都会有闪光点。我们一定有这样的记忆，哪怕是一二次：因自己的来到，朋友们的聚会热闹起来了。每个人都能爆发出魅力的火花，只怕像火柴一样，没有划在能够起火的一面。

话题总会有，但爆不爆火花不决定于它。据说十九世纪的两位文学大师打赌，说只要有人说出一个故事的由头，他们就能快速地把这个故事延伸成一部长篇小说的构架。我相信他们，因为有时几个朋友闲聊，顷刻间也能把一个像模像样的情节连缀出来。但这样连缀出来的情节毕竟还不是文学作品。那两位大师之所以成为大师，是因为他们在具体处理每一个故事的时候都有一种别人无法替代的神情和韵味。故事可以被别人剽窃，但神情剽窃不去；话题可以被别人重复，但韵味重复不了。可见，不是故事和话题，而是神情和韵味，决定了谁是谁。

因此，初学写作的人应该花更多的精力来检点自己的表达风格和语言情致。去掉那些与别人雷同的地方，记住那些曾经使别人眼睛一亮的火花，细细琢磨，慢慢扩展，不要多久，自己的整体品位就能凸显出来。

不少写作人写了很多年也找不到自己。连你自己也找不到，别人怎么找到你？

写作的个人感受

一谈自己便自由。下面我会故意陈列一些"最"，这些"最"，并非世间之最，而是自我之最。

一、最佳文笔非苦思所得

在我的文章中，大多数句子都是一字一句认真苦磨出来的，但奇怪的是，其中最令我满意的文笔却并非如此。往往是，熬了很久，苦了很久，头脑已经有些迷糊，心志已经有些木然，杯中的茶水又凉又淡，清晰的逻辑已飘忽窗外，突然，笔下来了一些句子，毫无自信又不能阻止，字迹潦草且任其流泻，写完之后也不去琢磨，想去改动又没了心绪。谁知第二天醒来一看，上上下下都不如这一段精彩。

这种情况反复出现之后，我终于学会了等待。等待不是不写，仍然一字一句认真推敲，但心底明白，全部推敲只是等待，等待着那个时刻的出现。

人们习惯把这样的情形说成是灵感。也想不出其他更确切的词汇来了，那就说是灵感吧。依我看，灵感是生命的突然喷发。生命大于理智，因此在喷发的当口上，理智已退在一边。

很多人的灵感，产生在写作的起点上。好像是走在路上，或坐在车上，突然灵感来访，有了一个精妙的构思，便赶紧回家，快快提笔。我的情况不是这样。我的灵感大多产生在写作过程之中，而在开始阶段，则往往是理智的推动。

其实，理智也许已经为灵感埋下了伏笔。我的人格结构，我的生命方式，我的知识储备，我的情感流向，理智都是知道的，它把这一切都体现在对某项写作计划的决断之中了。这就为我的生命和文章的亲切遇合提供了一条通道。只要沿着这条通道往前走，总会走到灵感勃发的境地。

如果写作中始终没有找到灵感，那就废弃这篇文章。

可能已经写了很长，甚至已经写完，但最终还是喟然一叹：此文不属于我。

废弃的文章中也不乏巧思，但巧思只是触动了我的一点聪明，并未触动我的生命。不废弃这样的文章，便扭曲了自己的生命。一次次的扭曲加在一起，就是对生命的糟践。我何必花那样大的辛苦，去描绘一个非我之我？

正由于这个原因，我平生最苦恼的事是接受朋友们的命题作文。这就像把我随意抛落在一个陌生的山冈，胡乱走去，能有什么结果？更可怕的是，我知道这样的胡乱脚步都在朋友们热烈的逼视之下，所以又要装出似乎找到了什么，强颜欢笑，夸张表情，好像处处感动、时时兴奋，这真比什么都累。

有时心想，为朋友可以两肋插刀，糟践一下自己且又何妨？但问题是，朋友并不知道这是糟践，还以为给了你一个写作的机会。别的朋友又竞相仿效，你只能长久地流落在荒山野岭间了。

二、最佳段落是某个情景

前面说过，文学的基元是耳目直觉。但是，耳目直觉可以是分散的，也可以是汇拢的，只有在汇拢了的耳目直觉中才能让读者产生全身心的震撼。耳目直觉的汇拢地，就是我们要说的情景。

情景是一个场面，这个场面切切实实，可触可摸，使读者如临其境，如见其人，如闻其声。这个场面是人物关系的大集中，只要写清各自的方位便可省去大量叙述笔墨。这个场面因与环境交相辉映，总是洋溢着一种浓郁的诗化气氛。

这个场面的最大优势，是终于结束了你与读者单相对话的状态，而把读者投入了一个多重感觉的包围圈。或者说，他们已经从接收者变成了参与者。

我在散文中追求的情景，会使有些段落在写法上近似于小说。但小说中的情景是虚构的，而我在散文中的情景则力求真实；小说中的情景延绵连贯，而我在散文中的情景则数量不多，召之即来，挥之即去；小说中的情景主要发挥叙述功能，而我在散文中的情景主要选择精神效能。

其中，最根本的是精神效能。

早在研究文化人类学和戏剧人类学的时候我已经懂得，天底下没有什么比仪式更能发挥精神效能的了。人类的整体本性，也能在仪式中获得酣畅的体现。

这一点，曾深刻地影响了我的艺术观。甚至可以说，我对艺术的认识，总是从仪式出发再回归仪式的。仪式使所有被动的接收者变成了主动的参与者，而这恰恰又成了我在艺术上的一个目标。情景，正是我在散文中营造的仪式。

三、最佳选择是难于选择

终于要涉及内容了。

我写的散文多数都没有结论。岂止没有结论，我甚至故意作难，把本来似乎有结论的问题也变得失去了结论。

很像存心捣乱，但这是冤枉的。

至少在西方文学界，早就有过这样的对白——

　　问：连自己也还没有找到结论，怎么敢于动笔写起来了呢？

　　答：如果早就有了结论，我写它还有什么意思？

生活中，有许多问题已经有了结论，或可以找到结论。这些结论应该努力寻找出来，传播开来。只有这样，才会使人类获得共识，使世界变得有序。寻找结论——推翻结论——寻找新的结论，这是人类进步的阶梯。

但是，也有不少问题难于找到结论，或者根本没有结论。在人文领域，这样的问题更多。找不到结论的问题中，有些无关紧要，有的却非常重要。

一个问题找到了结论，它就有了解决的可能，解决了，它也就不太重要了。但是，有的问题世世代代都没有找到结论，因此世世代代都无法解决，永远存在下去。世世代代都存在的问题，能不重要吗？

为什么远古的祖先会对这些问题产生巨大的兴趣？为什么几千年来那么多智慧的头脑都对它们无可奈何？为什么明知无可奈何，下一代还会竭尽全力继续探求……

这一连串的问号，把我们与祖先、后代紧紧联系起来了。

当我们还在做学生的时候，老师给了我们一个美丽的假象，好像世界上的一切问题都有答案，都有结论，都有裁断。但是，当我们离开校门闯荡世界以后，美丽的假象出现了越来越多的漏洞，直到我们不再对这些漏洞惊恐万状，我们才意识到自己已真正长大。

世界不再完美，但不完美的世界却更有吸引力。我们怀着一腔充满未知的甜酸苦辣，认下了它。

我也做起了教师，我也为学生提供各种答案。和以前的老师一样，我很难在课堂上告诉学生，哪些问题我找不到答案；与此同时，我又投身到学术研究，一篇篇论文，一本本著作，都是为了最后的结论而作。严密的论证，果断的言辞，越来越把自己打扮成能够解释世界的人。

但是心里知道，我避开了那些真正重要的难题。其实，也就是避开了人类最软弱也最坚韧的那个部分。

因此，终于到了这么一天，我决定在继续学术著述之外，去触摸另外一个文体。

此后，当我遇到那些已经解决的难题，就把它交付给课堂；当我遇到那些可以解决的难题，就把它交付给学术；当我遇到那些无法解决的难题，也不再避开，因为有一个称之为"文学"的箩筐等着它。

但是，也不能把所有无法解决的难题都交付给文学。在这里我要做一番筛选。

首要我要看一看，它的无法解决是否具有人文价值，是否能牵动人心。

然后我要看一看，它们是否适合我来表现。

经过这两度筛选，才能进入构思。我在构思中常常是想如何把一个苦涩的难题化解成一个生动的两难选择过程。

敦煌的文物应该运向何处？我的家乡应该在地理上寻找还是在精神上寻找？灾难对苏东坡究竟是好是坏？历史的废墟应该平整还是应该保守？对卑鄙的小人应该不理还是应该斗争？文明的步伐究竟在不断前进还是在迂回盘旋……诸如此类的一系列问题，当你属意于其中一个侧面的时候，另一个侧面就出来反驳，两个侧面的理由都义正词严。于是，驳难也就越来越深刻。深刻的两难带来一种厚重的人生体验，比一个简单的结论有意思得多了。

两难不管展示得多么深刻，带给读者的仍然是一种诚实的平等，因为你没有掩饰与读者一样的困惑。这也是他们愿意投入、参与、共鸣的重要前提。写文章的人什么事都可以做，却不能把人类还没有解决的问题伪装成已在自己手上解决。在我看来，最大的浅薄莫过于此。

四、最佳境界是游戏式的关怀

集中了那么多两难困惑，怎么可能激发起人们积极的生命反应呢？这就牵涉到另一个重要问题了。

两难没有结论，但文章总要归结。我喜欢归结在某种境界上，以境界取代结论。

所谓境界，是高出于现实苦涩的一种精神关照。你好像猛然升腾起来了，在天空中鸟瞰着茫茫大地。

例如正像先哲所言，人的感性欲望和理性欲望本来是很难协调的，感性欲望的绝对满足必然是人欲横流，理性欲望的绝对满足必然是规矩森严，这也是一种两难。那么，举行一个舞会吧，在舞会上，人的许多感性欲望获得满足，生命的节奏跃动在声色旋涡中，但舞会是有规矩的，人类的理性命令渗透在举手投足之间。席勒说，人们通过游戏才能把感性欲望和理性欲望协调起来。那么，舞会就是这样的游戏。

席勒所说的游戏，就是一种很高的境界。

凡境界都无法描述，只能不断举例。

在里根担任美国总统的时候，一个身患绝症而不久于人世的小女孩给他写信，说人生的最后愿望是想做几天总统，里根居然同意了。这其实也只是一个游戏，但当白发苍苍的老总统把只剩下几天生命的小女孩扶上白宫台阶的时候，这个游戏是动人的。

戈尔巴乔夫还在领导苏联的时候发生过一件震惊世界的大事，一个莽撞的欧洲青年竟然驾着直升机越过重重警戒线在红场降落，使庞大的苏联防空部队丢尽了脸。东西方都在关注会如何严厉处置这位不速之客，没想到戈尔巴乔夫用游戏的口吻说了一句"他还是个孩子呢"，放了回去。

中国改革开放之初，一位空闲的工人忽发奇想，打开世界地图给各国首脑写信，请他们寄一张自己最满意的照片给他做留念。不多久，他简陋的住所前各国大使馆的汽车来来往往，首脑们在照片后面的题词都幽默俏皮。这些照片后来在一个地方展出，参观者们在游戏的气氛中读解了一门十分温馨的国际政治学。

我故意选择一些政治人物的例子，是想说明二十世纪的国际政治一度是全人类对峙、仇恨、隔阂的集中地，但只要产生哪怕是一丁点儿游戏的念头，种种麻烦就在顷刻之间变得不再坚硬。

这些游戏，都因超越了功利，超越了两难，而散发出自由和人性。

在这样的游戏中，生活和艺术非常靠近。

那么，我们的写作，也何不成为这样的游戏？

世界上最永恒的文学，莫过于神话、童话和寓言，而在神话、童话和寓言中，无一不贯穿着浓烈的游戏秉性。对人类最原始、最宏大的关爱，也就渗透在这种游戏秉性里边。因此，后世的一切文学巨作，总是或多或少地带有神话、童话和寓言的精神特征。

这是一个需要永久仰望的境界，至少对我来说，是一个可望而不可即的高度。但是即便如此，我在写作中也会时时抬起头来，希望在那里获得一点救助。

长年累月间我渐渐领悟，文学艺术作为一种精神劳作，必须拥有点化历史、引渡众生、呼唤神圣的全部主动性和活泼性。如果仅仅是被动的再现、直接的同情、切实的评判，即便是热烈而公正，也有负于使命。照理这样的领悟早就应该体现在作品之中，但是其间的关键，并不是艺术方法的更替，而是人格理想的转变。要真正实现，又谈何容易。

现在我能做到的，是在表述历史和现实的困苦时，不断地提醒自己，不要黏着，力求超越，试着寻找事情的终极意义，并在表现形式上构建某种游戏般的愉悦。

——显然我已经把文学写作的讲题撑大了，那就用一个故事来结束今天的谈话吧。

这个故事，是很多年前从一本外国杂志中读到的。

一个偏远的农村突然通了火车，村民们好奇地看着一趟趟列车飞驰而过，有一个小孩特别热情，每次火车来的时候都站在高处向列车上的乘客挥手致意。可惜没有一个乘客注意到他，他挥了几天手终于满腹狐疑：是我们的村庄太丑陋，还是我长得太难看，还是我的手势或者站的位置不对？

天真的孩子郁郁寡欢，居然因此而生病。生了病还强打精神继续挥手，这使他的父母十分担心。

他的父亲是一个老实的农民，决定到遥远的城镇去求医问药。一连问了好几家医院，所有的医生都纷纷摇头。这位农民夜宿在一个小旅馆里，一声声长吁短叹吵醒了同室的一位旅客，农民把孩子的病由告诉了他，这位旅客呵呵一笑又重新睡去。

第二天，农民醒来，发现那位旅客已经不在，他在无可奈何中凄然回村。刚到村口就见到兴奋万状的妻子，妻子告诉他，孩子的病已经好了，今天早上第一班火车通过时，有一个男人把半个身子伸出窗外，拼命地向他们孩子招手，孩子跟着火车追了一程，回来时已经霍然而愈。

这位陌生旅客的身影几年来在我心中一直晃动。我想，作家就应该做他这样的人。能够被别人的苦难猛然惊醒，惊醒后也不做廉价的劝慰，居然能呵呵一笑安然睡去。睡着了又没有忘记责任，第二天赶了头班车就去行动。

他没有到孩子跟前去讲太多的道理，说火车的速度、乘客的视线等理性命题，他只是代表着所有的乘客拼命挥手，把温暖的人性交还给了一个家庭。

孩子的挥手本是游戏，旅客的挥手是参与游戏。用游戏治愈心理疾病，这便是我们写作人的职业使命。

不管是面对历史的疾病还是社会的疾病，我们都应该探出身来，搜寻大地，搜寻孩子，挥一挥手，挥得欢快，挥得慈爱，挥得认真。

谢谢大家。

艺术思维的特性

（2005 年 2 月 25 日）

余秋雨：

大家晚上好!

我这次在台湾各地演讲，基本上都是旧地重游，但台南是一个例外，第一次来。成功大学早就闻名，我在文学界的朋友白先勇、龙应台都在这里读过书，另一位年迈的教授苏雪林女士，我虽未曾谋面，却也知道她在这里安静地度过了晚年。

刚才校长告诉我，今天来听讲的，除了成功大学的教师和学生外，还有大量校外的朋友，其中包括不少杰出的企业家。按照演讲主办者事先的安排，我今天要专门谈谈艺术的问题，这似乎太专业了一点，但我想还是合适的。因为现在大家都在担忧的人文沉沦中，其中一个重要方面就是艺术情怀的失落。这一点，与任何人都有关系。

艺术情怀的失落，并不是接触艺术的机会太少。相反，随着社会物质生活的提升，人们接触艺术的机会更多了。在网络上就能看到各种电影，阅读大量小说，各个城市也都肯花钱建造剧场、博物馆和美术馆……除了这类正统艺术的展示之外，人们也越来越多地在古董拍卖、服饰设计、家居装修等场合与艺术问题相遇。总之，作为一个现代人，早已时时刻刻处于"审美包围"之中。

这是一件大好事，然而遗憾的是，很多现代人身处艺术之林却并不真正懂得艺术。他们的艺术欣赏，大多采取逢场作戏、走马观花的态度；他们的艺术判断，大多采取实用主义、潮流主义的标准。

大家都希望自己的下一代能够通过学习来提高艺术素养和审美水平，但在学校里，更遗憾的事情发生了。一般学校里的艺术教育，注重于艺术的历史和知识；专业学校里的艺术教育，注重于艺术的制作和技能。这中间，少了一项最根本的基础：艺术思维和艺术感觉的培养。

我们一定见过很多这样的朋友，他们能详细地讲述莎士比亚的生平、法国印象派的历史、莫扎特和肖邦的死因，但在现实的剧场和画展上，却无法对一个场景、一种旋律产生共鸣和激动。他们没有能力对眼前的艺术作品做出第一判断，听到有人做出了判断，他们则能引经据典地进行长篇论证。这种引经据典，不是艺术思维。

更多的朋友是，生活已经走向现代，观念也已经比较超前，但艺术思维却仍然非常狭隘。他们还是在寻找一个音乐作品的"主题思想"，还是在讨论一部历史剧是不是符合"历史真实"，还是在气恼一幅现代派绘画让民众无法"看懂"……

因此，我觉得，在人们全力追求物质利益和社会地位的潮流中，应该有人多谈谈艺术，让正常的艺术思维成为当代社会思维的一部分，让我们身边的"审美包围"不再仅仅是一种附庸风雅的点缀。

今天我抛砖引玉，先谈几点艺术思维的特性，供诸位参考。

第一，艺术思维的中心是直觉形式

艺术思维在本质上不是理性思维，它的起点是感觉，它的终点是形式。

我们面对艺术，不管是欣赏还是创作，首先需要打开的是自己的感觉，而不是分析和推断。这就像我们面对一个美景，总是立即地、整体地、本能地直觉到它的美，而不是通过分析才获得美的认识。事实证明，任何对美景的理论分析总是苍白无力的，而且越是美的地方越是无法分析，而许多不美的地方反而处处符合美的分析。

艺术评论家们总是说，某个作品之所以美，是因为它"在运动状态中保持了宁静"，"在粗犷背景下刻画了细腻"。这种分析我们已司空见惯，但终于有一天我们才疑惑起来，因为发现世上多数丑陋的作品也是有动有静、有粗有细的。其他诸如"平衡是美"、"不平衡是美"、"残缺是美"等大判断也是这样，不仅互相抵牾，而且与丑完全划不清界限。那么，要这种分析和判断有什么用呢？

其实，许多思想大师对此早有论断。黑格尔说："知性不能掌握美。"柏格森说，所谓分析，只是借助于一些人所共知的概念来"包围"美，而不能抵达美。他还说，只有直觉，才能与美融成一体。

因此，美不美的问题，只有在感性直觉中才能成立，才有价值。

但是，人的感性直觉是个别的、零散的，怎么才能把它们召集在一处，产生共鸣？这就是要靠形式的魔力了。这种艺术形式，被苏珊·朗格说成是"生命活动的投影"，被克莱夫·贝尔说成是"有意味的形式"。可能是一个形象，可能是一个场景，可能是一组线条和色彩，也可能是一种旋律，但都必须具有高度的收纳功能和发射功能，成为感性直觉的凝固造型。

我把直觉审美形式看成是艺术的本质，因此在《艺术创造学》一书中为艺术制定了这样一个定义："艺术，是一种把人类生态变成直觉审美形式的创造。"

所以，我认为，一个人的艺术素养，主要体现于他对审美形式的直觉敏感。人类要获得的艺术训练，也应该集中在这个方面。

到艺术博物馆去看看就知道，一般的参观者在认真地阅读说明、听着讲解，而真正高水平的欣赏者却不会这样，他们只是打开自己的直觉之门，在各个展厅里寻找震撼自己的形式。找不到，就快步走过；找到了，就流连多时。塞尚说，一幅画，只是眼睛的节日、色彩的逻辑。其他逻辑也许包藏在里边，但艺术家不会去依顺，一依顺，他就完了。

第二，艺术思维的内容是人生况味

艺术在内容上常常被灌注了大量的社会命题、历史命题、政治问题、地区命题、行业命题、法学命题，只把人生描写当作调味品。

这显然是本末倒置。那些命题本有自己的学科在承担，为什么还要硬拉艺术去替它们服役？人类社会中最重要、最普遍的人生命题，哪门学科都不管，留给了艺术，艺术岂能忘本？

不管外层题材的形貌如何，人生况味总是永恒的第一意蕴。我曾写过："北雁长鸣，年迈的帝王和年迈的乞丐一起都听到了；塞山扫墓，长辈的泪滴和晚辈的泪滴是否有相同的重量？"

莱辛说，一个女王的排场可以吸引很多人的注意，但在艺术家看来，她真正动人的地方一定是她作为一个普通的女儿、妻子或母亲的场合。这也就是说，在政治上，女王的价值在于至高地位；在艺术上，她的价值在于人生况味。

而且，显而易见，也只有人生况味，使她具有了被普遍共鸣的可能。

任何优秀艺术的欣赏者都是不分地域和行当的，剧场和音乐厅门口从来也没有劝阻过谁。因此，我想不出除了人生况味之外，还有哪一种意蕴有权力把大家召集在一起，并产生由衷的共鸣。

都去体现人生况味，是不是会单调？这个问题恰恰是出于对人生的无知。

人生有太多悖论了：为什么最美好的爱情选择权交给了最不懂事的年岁？为什么最成熟的思维总是与最衰落的躯体相伴？为什么人生的起点和终点都是天真，而人生经验的总和却是平庸？为什么善恶总是找不到标准，成败全都会失去安静？此外，死亡究竟是人生的断裂，还是人生的终结？自杀究竟是人生的被动，还是人生的主动？……我可以一口气这样没完没了地说下去，而每一项，又可翻腾出多少人生故事？

艺术作品，只有放弃了对人生况味的追索，成了其他命题的附庸，才会单调，才会枯燥。

对当代艺术家来说，许多看似重大的历史、自然、战争题材，也必须做人生化处理。例如，法国、意大利合拍的电影《舞厅》，把半个世纪的法国历史，让一群舞客的人生过程来体现，于是历史也融入了人生；又如澳大利亚电影《悬崖下的野餐》，让一个女学生的人生之谜来折射时代的转折，于是时代的转折也被看成为一个人生过程；再如美国电影《现代启示录》，让战争的残酷聚焦为几个人的人生变态，于是战争的本质也被人生所裁量……

当然，许多人生之外的因素也能挤入艺术意蕴，但那毕竟是低一层级的事情。

第三，艺术思维的指向是两难结构

艺术思维保留未知和两难，不追求结论。结论，是理性思维和知性思维的目标，艺术思维只沉湎于那些"永远重要却永远没有结论的人生课题"，这话是十九世纪俄罗斯学者别林斯基说的。我写《文化苦旅》，就是因为感受到大量找不到结论却能牵动情感的话题，必须用文学来表达。所以我曾多次说过："我把找到了结论的课题交给课堂，把找得到结论的课题交给学术，把找不到结论的课题交给散文。"

大而言之，海明威《老人与海》中的那个老渔夫，究竟是成功者还是失败者？都可能是，但又都不是，两相驳难，没有止境。

布莱希特的《伽利略传》中，伽利略应该不应该向教廷忏悔？两种意见势均力敌，如果有了一个偏向，就立即降低了作品层次。

再如，在中国古典小说《红楼梦》中，贾宝玉和林黛玉的爱情是不是应该走向婚姻？他们的爱情那么纯净，当然应该有一个美好的结果，但在曹雪芹笔下，贾宝玉没有做丈夫的任何素质，林黛玉没有做妻子的丝毫准备，因此显而易见，他们如果结婚将会亲手埋葬爱情。那么，究竟是不是应该走向婚姻，也是一个两难。

法国现代诗人让·诺夫说："任何一首真正的诗，都是一个永恒的谜。在音乐会上也是一样，我们知道自己的心灵与一个伟大的乐曲交流了，但不知道交流的是什么。只有这样，我们才能与一种永恒的境界交流，与一种超体验的境界交流。"

海明威则说："真正优秀的作品，不管你读多少遍，仍然不知道它是怎么写成的。一切伟大的作品必有神秘之处，而这种神秘之处是分析不出来的。"

既然他们都这么说，这么做，那就让我们相信了吧，相信艺术的神秘灵魂。在艺术中勾勒逻辑、搜寻结论，都是对艺术的损害。一个有艺术修养的人，一定不在艺术作品前条分缕析、滔滔不绝，而往往是静默以对，徘徊往复。

第四，艺术思维的本性是多方象征

艺术思维不会就 A 论 A，就 B 论 B，而必须从 A 中看出远远大于 A 的东西，在 B 里看出远远高于 B 的架构，这就是象征。由表层而指向内层，组成了一个双层结构，按照英国学者柯勒律治的说法，是一个"半透明的双层结构"，建立一种"隔层同视"关系。

在真正的艺术家眼中，世间万物都是互为象征的，整个世界就是一个象征的森林。

艺术中的象征有多种类型。最基本的是符号象征，每一个符号都带有比喻性质。艺术的重大任务是创建一系列有魅力的符号，中国传统戏曲中的脸谱、程式就带有符号象征的明显色彩。

有的艺术家不满足于符号象征，那就出现了寓言象征。卡夫卡、马尔克斯、伍尔夫的小说，尤涅斯库、迪伦马特的戏剧，都是寓言象征的典范。我曾经说过，不懂得寓言象征，我们就无法欣赏一半以上的现代派艺术作品。

还有一种更复杂的象征，是象征却不像象征，是寓言却很可能发生，我称之为"实体象征"。《堂·吉诃德》《鲁滨孙漂流记》《阿Q正传》《老人与海》就是这样的作品。它们以一种非寓言化的可信写实层面，指向着广阔的人类生态。实体象征是层级最高、表现最难的一种象征，一旦成功，大多会成为名作。

上述种种象征，在艺术领域，已不仅仅是技巧手法，而是组成了一种思维习惯。我们如果不习惯于象征思维，在艺术领域必定寸步难行。

以上我从直觉形式、人生况味、两难结构、多方象征这四个方面讲了艺术思维的特性。我的说法不一定对，很可能与你们老师的意见有所不同，那么，请一定以你们老师的意见为准。我的说法，只是一种课后的参考。

刚才听贵校领导说，贵校在制订今后几年规划时早已把我列入了聘任名单。对此，我深表感谢，但我这个人满世界来来去去，估计不会在贵校停留较长时间。今天的演讲，也算是对你们盛情的一种回报吧。

我今天所讲的这一些观点，主要在为大家做减法，或者说，帮助大家排除审美障碍。你看，我希望大家面对艺术时不要畏惧理论和知识，只在乎释放每个人都有的感性直觉；我还希望大家不要畏惧历史和政治，只在乎开启人人都在品尝的人生况味；我又希望大家不要忙着寻找结论和答案，不妨在两难之间倾吐无奈感叹；最后，我更希望大家不要陷于对号入座式的直接对应，不妨在象征的天地里自由嬉戏。

总之，艺术是以审美形式达到人性自由的阶梯，一切违背这个方向的障碍物，不管多么堂皇，都应该排除。

这是一个比较专业的演讲，几千人聚精会神地听了那么久，让我十分惊讶。我实在为成功大学感动，为台南市民感动，也为艺术高兴。

谢谢大家。

寻找东方美学

（1992 年 9 月 30 日）

各位朋友：

我们常常有一种错误的自信，觉得自己是东方人，从小受东方美学的耳濡目染，难道还不能了解它吗？其实，身在庐山之中也会"不识庐山真面目"，尽管我们身在东方，但在学校里所接受的基本上是西方的思维模式和词语方式，对东方美学反而陌生。

很多年以前，我为了写作《世界戏剧学》，开始研究古印度婆罗多牟尼的《舞论》和日本世阿弥的《风姿花传》，研究了很长时间之后不能不承认，我更能把握的，倒是古希腊的亚里士多德和古罗马的贺拉斯。这个奇怪的现象说明，我这个中国人对东方美学远比西方美学无知。

这些年来我在各处讲课时有意强调东方艺术和东方美学，但冷静下来一分析又可发现，我所讲授的种种"东方"，只是具体部件，而连贯这些部件的整体思维骨架，仍然来自莱辛、黑格尔和康德。我的这种情况，在其他东方学者身上也可看到。确实，当代的研究者大多把东方美学作为一种观照对象，很少把它当作一种立身之本。东方美学在现代学者中能够找到不少眺望者和赞赏者，却很难找到魂魄与共的代言人。因此我们需要重新追寻它，这其实也是追寻自己。

自由散漫

东方美学一直没有寻求过共同规范，这与西方美学的发展有根本的区别。

西方美学从一开始就建立了一种比较近似的规范，我们只要看看文艺复兴时期意大利学者戴尼罗（Daniello）、敏都诺（Minturno）、卡斯特尔维特罗（Castelvetro）以及后来法国古典主义者沙博兰（Chapelain）、高乃依（Corneillo）、布瓦洛（Boileau）等人对古希腊亚里士多德《诗学》不厌其烦的诠释、阐述、争论，就可知道为建立一种统一的美学规范所做的长时间努力。而且，这种跨越国度的努力之所以成立，也证明他们之间已经存在着一种美学上的共通语汇。正因为如此，车尔尼雪夫斯基可以在十九世纪断言《诗学》是"一切美学概念的根据，它的概念竟雄霸了两千余年"。车尔尼雪夫斯基在这里所说的"一切美学概念"和"雄霸了两千余年"当然都是就西方而言的。东方既没有进入这种一统，也没有建立类似的一统。

东方美学自由散漫的多元状况，主要表现在以下几个方面：

其一，辽阔的东方所包含的众多国家和民族之间，虽然也会有美学和艺术上的交流和渗透，但并未产生大规模的趋同倾向，更未获得过公用的美学概念。

所谓东方，黑格尔在《历史哲学》中认为包括中国、印度和波斯。一九三三年曾任大英博物馆东方书画馆馆长的劳伦斯·比尼恩（Laurence Binyon）在哈佛大学发表名为《亚洲艺术中人的精神》（*The Spirit of Man in Asian Art*）的演讲时把东方艺术主要划分为中国、印度、日本、波斯四个部分。当代日本美学家今道友信则进一步把东方美学的覆盖地拓展为日本、中国、朝鲜、印度尼西亚、泰国、马来西亚、印度、伊朗、土耳其、阿拉伯半岛。当我们对东方做了如此具体的分解后便能发现，确实找不到哪怕是一个美学概念能让这些地区都勉强接受。

印度的佛教输入了中国，但它的一些基本的美学范畴却并未与中国沟通。例如《舞论》里的"情"（分"别情"、"随情"、"常情"、"不定情"等）、"味"，以及《诗庄严》里的"庄严"等概念，就与这些字眼的中国习惯理解很不相同。这些概念组成了印度美学的基本经络，但几乎很难从中国传统美学中找到可以对应的概念。这说明，印度美学和中国美学是两种完全不同的体系。同样，日本的艺术文化深受中国影响，美学上的共同处也多一些，但作为日本古典美学基本范畴的"幽玄"、"风"、"姿"等也完全自立于中国美学畛域之外。印度、中国、日本这几个曾经长期建立文化交流热线的国家尚且如此，更不待说东方的其他地区了。

其二，东方各国内部在历史发展中也不追求美学范畴的稳定和延续，随机性远远超过西方美学。

中国社会体制的变化节奏一直很慢，但在美学时尚的更替上则相当频繁，从未出现西方那样整个文化界为了一二个美学命题相持几百年而乐此不疲的情景。中国美学中有的命题也会反复出现，但常常带有极大的可塑性，可以在不同的时代和不同的人手上，装进完全不同的内涵。印度更是如此了，在几个固有命题的外壳下不断改变着实质，既超长地僵硬又超常地随机。

日本世阿弥的《风姿花传》是家族内部的"秘传书"，本来就不追求与社会历史的广泛认同，和中国人在笔记、日记、书信、自娱诗词中表达美学意向一样，随机性就更大了。

其三，东方美学大抵缺少理论上的统治力，使美学概念与审美实践不具备严格的对应关系。西方美学史的每一步演进，总伴随着与之相对应的共同命题，以及它们的代表作品和代表人物，从文艺复兴、启蒙运动、浪漫主义时期到现代派都莫不如此。东方美学基本不是这样，印度的《舞论》写是写出来了，像法典一样，但与此前此后的创作格局关系并不太大。中国的《乐记》、《文赋》、《诗品》、《文心雕龙》等也大体如此。对于艺术实践，它们比较游离；艺术实践对于它们，也同样比较游离。

鉴于这两相游离，我们对于东方美学应该更多地关注大量非理论形态的审美生态。而且在可以想象的将来，这些审美生态之间还是不可能实现学理共识。

东方美学甚至还会因人而异，呈现为一些个体艺术家的精神自白。这其实是以一种以"准美学"或"亚美学"方式出现的广义美学。例如我们可以把泰戈尔和川端康成讲述生命和艺术的随感，看成是广义的印度美学和日本美学。这不管以形态看，还是以内容看，都更散漫了。

别具魅力

粗一看，东方美学这种多元、随机、模糊、松软的生存方式，比之于规整而强大的西方美学，显得相当落后，其实未必。

唐君毅先生说，西方以科学精神对待艺术，中国则以艺术精神对待科学。这种说法很有意思，但我们不必预设科学精神高于艺术精神。

西方从古希腊开始以科学态度来研究美和艺术的时候，就要求从手段到结果都具有极大的清晰性，不仅对各个部分要条分缕析，而且还要通过这种清晰性来追索美的"第一原理"。西方美学井然有序的步履常常使东方美学汗颜，但是，西方步履中也包含着一系列无法解脱的麻烦，例如——

其一，艺术和美，归根结底属于人文现象而不是科学现象。人是一个有机整体，人类社会是一个有机整体，人类发展史也是一个有机整体。在这些整体中，交错、倒置、回归不仅大量存在，而且浑然一体，原始情怀和现代困惑难分难解，科学的清晰性在这里束手无策。

其二，人们的审美感受，具有无可置疑的个别性和随机性。对于审美感受进行规范化的确定是徒劳的事情，但对西方美学来说，又很难不这样做。有人预言，无法用数学公式表述的学问都不能称之为科学，因此美学如果要真正成为一门科学，就必须谋求一套能够表述审美心理程序的数学方程式。这种预言本身，恰恰暴露了西方美学系统的两难悲剧。

其三，西方美学总在寻找一种"公理"或曰"第一原理"，因而，"美是什么"这么一个笨拙的问题始终逼着美学家们做出回答。答案出了无数，但都被层出不穷的"例外"所一一击破。

……

传统西方美学的这种麻烦，还可以举出一些来。

这说明，西方美学在人类的审美本性上只是强调了一些部分，却又掩映了一些部分，是一种具有很大片面性的美学。

正是在这个意义上，东方美学显示了自己特殊的魅力。不管它的形态多么流散，都很好地保存了西方美学失落的那些块面，悄悄地解决了西方美学无法解决的一系列难题。

这里不存在谁优谁劣的问题了，它们显然已呈现出一种互补关系，在宏观意义上相辅相成。

那么，东方美学究竟保存了哪些侧面可以与西方构成对照呢？

第一，精神性

西方美学以亚里士多德的模仿说为出发点，而东方美学从根子上就是精神性的，只是笔墨安静地表现人们的主观意态。东方绘画大多不讲焦点透视而讲散点透视，不讲三度空间而讲二度空间，不讲块面刻画而讲轮廓勾勒，不讲物理重心而讲感受结果。东方绘画大多以线条为魂魄，使描绘对象挣脱物理形象而获得提炼。东方式的线条是精神的轨迹、生命的经纬、情感的缆索，即便是寄寓于物态形体之中，也发挥着远远超越物态形体的精神效应。

与此相呼应，东方的舞台一般也不强调描摹各种表情和肢体，也不更多地表现一种情调。西方舞蹈和音乐中的上乘之作，也会有深挚的精神蕴含，但总是显现出"激发"什么或"抒发"什么的努力，而东方艺术往往在一片虚静的境界中酝酿精神气氛。有时，几个朴素的动作和物象也能构建起一种心理磁场。中国绘画和戏曲中的写意风致，正是凭借着这种精神气氛得以成立。有了这种精神气氛，印度舞蹈以生命肢体为轴心的内向圆弧动作，才有包罗万象的韵味；日本能乐演出中那些小幅度的简约动作，才有不小的震撼力。

第二，整体性

东方美学，擅长于整体把握。中国古代美学的重要原则是"气韵生动"，这里的"气"，直指宇宙生命，容不得分割和阻断。这种"气"模糊了人与自然的界限，是"天人合一"的派生概念。这样的概念，要一位纯粹的西方艺术家来理解，就相当困难了。

西方也有人领悟到了"艺术以整体拥抱世界"的道理，但这种主要是指反映和刻画的整体性，而并不像东方美学那样把天地宇宙和生命感应完全融成了一体。这本是人类初始状态的一种感受，在东方得以保留，并指向着人类与自然的终极状态。无论是人类与自然，都是从混沌整体出发，经过分解、冲突，然后重又回归整体。西方文明的优势在中间阶段，而东方文明则维系着起始和未来。

古代印度哲学中的"梵我一如"，虽然并不等同于中国的"天人合一"，但在格局和规模上，则十分相近。"梵"作为一种终极性的宇宙精神是外在的，"我"作为一种主体性的人的本质是内在的，但两者在本性上应该合二为一，把它们分开来，是出于无知无明。

东方美学的至高境界，是人和自然的默契。把自然当作最高法则，结果自然也就人情化、人格化。在中国传统山水画中，人的形象很少或很小，但整体上人气沛然。

由于人与自然和谐统一，人们也就有可能在研究自身的过程中领悟大自然和人世间的一切。东方美学强调整体性而却又未曾规定其间规范，因而并没有损害各自的灵性。既然人人都是整体的一员，而且人人都是整体，为什么还要通过什么力量来做统一规范呢？

第三，装饰性

东方美学因淡化了模仿功能而不再把真实与否当作主要标尺，结果各种物象经过精神性提炼而达到了一定的抽象度，这就为装饰美的构建提供了可能。装饰美也就是具有超逸意义的形式美。装饰的需要也是审美游戏的需要，这又和东方人的人生态度连在一起了。

以东方观念看来，主观心灵有权利让各种事物变成自由的心理图案，这就需要对物象借用、搓捏、戏弄，使之处于"似与不似之间"。凡是装饰性越大的艺术作品，往往越能显现创作者俏皮的游戏心态。

东方传统戏剧从面具、脸谱到身段、唱腔，都有一套程式，这与西方戏剧判然有别。在绘画领域，中国画在内容上的"梅兰松菊"、"枯木竹石"，笔墨技法上的所谓"皴法"、"点法"（如"披麻皴"、"斧劈皴"、"米点"、"介子点"）之类也都是程式。程式虽与客观物象有一点远期联系，但大都已经符号化了，成为一种"审美语汇"，供艺术家随意取用。它们既然已经走向符号化和抽象化，失去了重量感，本可自由构建，却又进入了装饰所必需的凝固态和模式化，进入凝固的规范。结果，大自由也有可能变成了不自由。装饰性的代价往往使艺术失去生气，成为热闹而又既定的刻板图案。东方美学在许多方面陷入固态，都与装饰性有关。

第四，原始性

我们所说的东方美学的原始性，不是就时间概念而是就艺术风范而言的。这种艺术风范使早期人类的天真和朴拙有较多的留存。西方也有原始形态的艺术遗迹，但遗迹终究是遗迹，而东方艺术的原始性，则是一种活活泼泼、生生不息的遗传机制。

东方美学的原始性表现为多重特征，例如——

天真。像一个童真未泯的孩子一样，那些带有原始性的东方艺术，常常显示出一种不加遮盖的率直任性。对于繁复的理智世界和文明规程表现出漫不经心的无视；

混沌。承袭着早期人类混沌、直觉的思维特点，在审美感觉系统的各种成分内，随心所欲地借代、互渗、交错乃至斡旋。从根本上抵拒精细解析，从而酿发神秘感；

钝拙。守护着一种看似木讷的心理状态，展示着天人交合中尽可能的低调关系。结果，却渗透出一种被灵巧伶俐的美学方式所排除了的厚味；

苦涩。也许是先民艰难生态的审美凝结，有些东方艺术追求着一种与通畅、朗润相反的格调。洪荒中的玄黄，激烈中的狞厉，野朴、粗悍、破残、苍凉感、风霜态，组成一种不愿获得现代安慰的天然性悲苦……

——上述精神性、整体性、装饰性、原始性的归纳，并不是东方美学的稳固规范，而是在与西方传统美学的比照中所浮现出来的某种侧重，本身就带有很大的模糊性和可变性。

现代选择

东方美学和西方美学自成格局，因而长期自足存在。但从现代文化人类学的角度看，它们都面临着接受选择、互撞互耗、互补互融的问题。

一个健全的现代人，不能只是固守着西方美学而排拒东方，或者倒过来，只是固守着东方美学而排拒西方。但是，鉴于长久以来西方美学凭借着近代的文明进程获得了先人一步的占领，因而呼吁东方美学成了一项补课工程。否则，现代世界的审美结构就会失去宏观上的平衡。

在艺术实践领域，东西方美学的交融互补早就不绝如缕。例如，古代印度的犍陀罗（Gandhara）艺术就吸收过希腊以明暗光影表现三度空间的手法，在色彩和透视上也呈现出流畅的写实感。这种艺术又通过佛教僧人传入中国，早在魏晋南北朝时期就被称为"天竺遗法"，后来在中国的天梯山石窟、云冈石窟、龙门石窟中都有杰出呈现。又如阿拉伯伊斯兰国家的穆斯林美学，就在很大程度上接受过亚里士多德美学。甚至，亚里士多德美学的某些部分，就是通过阿拉伯世界保存下来的。至于十八世纪以来"西学东渐"之后，西方艺术技法对东方的渗透就更普遍了。

西方人以冒险家心态对东方艺术的发现和赞叹也是很早就有的事，但系统认真地通过生命感受来呼唤东方艺术，则是在十九世纪后期至二十世纪。仅在美术界，卢梭（H.Rousseau）、凡·高（V.Van Gogh）、米罗（J.Miro）、马蒂斯（H.Matisse）、毕加索（P.Picasso）、马奈（E.Manet）等都惊喜地追慕过东方艺术。其中不少人，先对日本的浮世绘发生兴趣，然后兼及东方其他艺术，同时又扩大到世界各地的原始民间艺术。东方艺术诱发了他们生命底部本已沉睡的那一部分，对他们原有的审美结构产生了强烈的挑战。他们由此而成了西方艺术史上转折性的人物，也开创了人类艺术的新时代。

东方美学对这类西方现代艺术家来说，可以产生多层次的诱惑。他们既可以因为厌倦刻板传统而对陌生、醒目的造型产生狂热，也可以因为在思索的困顿中发现了另一条思路而陡然兴奋。但是，最重要的，是引发了他们对艺术和美的终极反思。

在这一点上，法国戏剧家安托尼·阿尔托（Antonin Artaud，1896—1948）的观点带有很大的代表性。他在一九三八年出版的《剧场及其替身》（*The Theater and Its Double*）一书中指出，艺术的原始性是艺术的本性，它比较完整地保存在东方，相比之下，西方艺术只不过是它的"替身"。

阿尔托以戏剧为例，认为东方戏剧的那些原始形态超越了逻辑的文字，把观众投入到一种强烈而神奇的经验之中，而西方戏剧却使观众只处于文质彬彬的表层感受范畴之内，无法释放他们的深层潜意识。

因此他呼吁，在东方戏剧的基础上创建一种真正的戏剧，足以使万千观众在剧场里剥除现代文明的外在羁绊，在自己内心互相对话，以此来窥视生存的奥秘。

阿尔托这一思想在发表的当时影响不大，后来却越来越被人们记起，成为许多现代主义戏剧运动的精神动力。由此可发现，西方能够从东方美学中所吸取的，是人类的本原性精神方式。面向东方，也就是面向本原，面向终极。

除了阿尔托那样寻找艺术本性的回归外，整个西方现代艺术开始重新思考了人与自然的关系，争取人对自然的更多渗透以及自然对人的更多渗透。在具体创作方法上，也深受东方艺术的启发，开始了对各种象征的重视，对意象叠加的追求，对自由联想的探索。

甚至，西方现代艺术所热衷的那种消融艺术和生活的界限的所谓"大地艺术"，也在东方艺术中找到了远年鼓励。

这一切能说明什么呢？中国有一些学者沾沾自喜地说，由此证明东方艺术比西方艺术高明，"他们的全部创新我们祖先全有了"。这是一种可笑而浅薄的愚昧心态。

艺术和美学的现代选择，既不是让西方来选择东方，也不是让东方来选择西方，而是在两方的碰撞、交汇、比较中，一起来选择艺术和人类的本性，一起来选择现代。

一八二七年一月，歌德很偶然地看到一部中国传奇的译本后对秘书说，中国的艺术"并不像人们所猜想的那么奇怪。中国人在思想、行为和情感方面几乎和我们一样，使我们很快就感到他们是我们的同类人"。他由此认为，德国人应该跳开自己的小圈子朝外面看一看，否则就会陷入学究式的昏头昏脑，但看到其他民族好的东西，也不要急迫地奉它为模范，把它拘守起来。他的结论是："民族文学在现代算不了很大的一回事，世界文学的时代已快来临了。现在每个人都应该出力促使它早日来临。"（《歌德谈话录》，一八二七年一月三十一日）

在歌德式的宏观目光下，东方美学不能因为别人的看重而摆出一副待价而沽的姿态。它也要接受现代的选择，使自己真正成为现代人类精神中的一个组成部分。

东方美学有许多地方无法讳避现代的拷问，例如：

一、由于东方美学注重精神性，创作状态也就随之偏重于自省、自娱、自适。但是，作为艺术产品必须被人领受，越到现代越是如此。而东方艺术在这方面显得过于柔弱，过于自足。如果始终不在意于把自己的审美强波向外发射，那么，在信息密集的现代难免会成为一种消极的存在，容易被掩埋。

二、东方美学的整体性也有负面效果，那就是缺乏对局部的分解力度。而没有分解力度，也就很难保证艺术肢体的强健。混沌朦胧中流荡着的气韵，很可能掩映着许多疲软部位。这种情况到了现代更要面临麻烦，因为混沌整体的美学格局只有在混沌整体的社会格局中才会自我安顿，而现代社会多层复杂结构的精细展开，使这种自我安顿失去了背景。生气勃勃的下一代必然会要求东方艺术的每一部分都焕发出生命力，这是传统的东方美学难以做到的。

三、精神性和整体性的特征，使东方美学常常处于一种多方汇聚的状态，极易被德、道、史、术等政治、伦理等方面的命题所吞食、所杂交。这种现象，必然使东方的艺术家很难卓然自立于社会之上，也很难使艺术创造真正纯粹。

四、东方美学的程式化、装饰性，在很大程度上已成为一种惰性存在，长久缺少变化，或变化速度迟缓。于是，其中再美的象征、再大的变形，也均已成为远年的化石。在这方面，东方艺术不能老是以古董式的遗迹身份出现在人们眼前，它如何能够在程式化的装饰性中释放出奔放的现代生命？这个难题早已躲避不开。

五、东方美学所沉淀的原始性可以启示人类对本性的回归，但在实际呈现方式上，却失去了时代性诚恳。东方人的大多数都已经进入现代，再模拟原始之态毕竟夹杂着不小"造作"的成分，而造作，恰恰与原始的天真南辕北辙。因此，东方美学的原始性，必须逐渐扬弃那些由于社会生活落后所带来的外层特征，而去寻找那种能够贯通人类起始状态和终极状态的隐秘。这种寻找，显然至今还处于起步阶段。东方美学就整体而言，还有待于一次大幅度更新。

东方美学的现代生命，也只有在接受和回答这些拷问中才能逐步建立起来。

我不知道它能不能经受得住这种拷问。如果经受不住，它将风干僵化；如果经受得住，它将脱胎换骨。总之，都是失落。失落了东方美学，我们将怎么办呢？因为那里有我们生命的因子。拾捡它并使它成为一种积极的现实存在，等于是拾捡我们自己生命的一部分，拾捡一个民族的本来形象，拾捡一个真正意义上的东方。让我们一起用心用力。

谢谢大家！

闯入傩的世界

（1992 年 10 月 11 日）

各位朋友：下午好！

去年，台北市立美术馆馆长黄光男先生读了我在允晨出版的《艺术创造学》之后，便托美术设计家胡泽民先生到上海找我，要我来参加上个月在这里召开的有关东方美学的一个研讨会。可惜由于出入境手续上的耽搁，我迟到了，演讲稿是请别人代读的。兴冲冲地赶到而会议已经结束，这情景未免有点滑稽。黄光男馆长为了消解这种滑稽，就要我在今天另做一个不同题目的学术演讲，算是彼此有个交代。

今天要讲的题目，很多年前我就开始研究了。那时候，我的学术思想受到文化人类学的强烈影响，很想摆脱"从书本到书本"的传统治学道路，走向田野，着手对中国人审美意识的发生过程和原始状态做一些调查。调查的对象当然早已消逝，但我相信时间和空间之间的暧昧关系，估计在一些偏僻的所在还会有某种远年的遗存。正好在这时，依稀传来一些傩文化的信息。果然，在边远地区还存在着大量把祭祀和娱乐融为一体的表演方式。当时首先是一些社会基层人士把这些东西作为本地民俗特色向外介绍的，其间有不少值得尊敬的山村小学教师和文化馆的工作人员。他们反复向当地政府部门说明，这些东西并不是"迷信活动"，有保留价值。我从他们最简单的介绍中感觉到事情的重要性，就开始到这些地区寻访。

今天，我只选傩文化中的祭仪性娱乐表演，向诸位报告一下。由于讲题是临时定的，手边也没有带有关资料，只能凭着记忆随口讲述，不知大家会不会有兴趣。

我想着重介绍一下傩戏表演中值得注意的一些美学特征。我看到的这一切，究竟是现代文明未曾抵达的死角，还是生态文化硕果仅存的偏仓？我想两者都有吧，但今天主要从后者的角度来做一些介绍。

一、祭祀之美

我所说的这种原始表演形态，现存数十种，主要分布地有湖南、湖北、安徽、贵州、云南、广西、江西、江苏、陕西等省份，其他地方也有广泛散落。

当地的一些文化人在为这种表演形态辩护时，总是小心翼翼地回避它们与祭祀仪式的关系，以为一与祭祀仪式连在一起会显得太落后，就没有现代美学可言了。我总是笑着告诉他们，这些表演形态的美学基点，恰恰应该从祭祀仪式中寻找。

早在遥远的古代，巫一直是原始宗教祭祀活动中的主角。巫的功能有三个方面：第一，他们要使神灵附体，替鬼神说话，占卜世间种种难事；第二，他们又要表现出人们对鬼神的酬谢，以歌舞取悦鬼神；第三，他们还要装扮特定的狞厉形象，来驱逐灾异。不管哪一方面，他们都需要有拟态表演，这种拟态表演又都是以歌舞为基本语汇。

这种祭祀性表演，因获得了三方位的拓展而扩大了容量。这三方位便是：乡人傩、宫廷傩和军傩。

乡人傩的世俗情趣，宫廷傩的堂皇奇诡，军傩的杀伐之气，互相影响，相得益彰。法国现代学者乔治·杜梅吉尔提出过印欧古代文明的三元结构模式，并以古代印度和欧洲神话中不约而同地存在着主神、战神、民事神作为印证。他认为这种三元结构在中国不存在。我想，这恰恰是因为他没有调查过中国傩文化中的祭仪性表演。如果他知道了中国古代也有那三种傩，那么，他对"三元结构"的论述一定会更自信、更精彩。

在中国古代，原始的自然宗教始终没有发展为高级的人为宗教，以后成鼎立之势的释、儒、道三大主流思维，都不是自然宗教的直接成果。因此，在三大主流思维之外，一直保留着从自然宗教始发的祭仪空间。

中国古代的这种祭仪性表演，由于不受主流思维的控制，构成了一个松宽的弹性系统。正由于它的柔韧，避免了它早早地破碎。即便在社会风俗和审美观念发生了重大变化的情况下，它也能留存下来。

其中，特别是屈原描写过的楚巫祭仪表演，更以其自由、洒脱的传统而生生不息。至今原始祭仪表演比较集中的地区，如湖南、湖北、江西、贵州、安徽，都可以找到楚巫承传和派生的明显痕迹。

这个弹性系统留存到今天，祭祀典仪的具体目的早已趋于淡化，审美娱乐跃升到了主导地位。但是，它的仪式性构架始终保持着，未曾蜕脱。现代民俗学者如果把它的仪式性构架去掉，只留下一堆零碎、简陋的小节目，就失去了这种演剧的基础魅力，失去了它借以代代相传的文化依凭。

现存的这种原始表演，一般在开头部分还保存着比较完整的祭仪程序，其中大多数还在末尾与祭仪程序呼应。

例如，贵州现存的傩坛戏的开头程序，需要由一位法师主持。这位法师在功能上近乎古巫，是沟通神、人的特殊角色。他出场之后，要恭恭敬敬地把各方神灵都请到。他首先要向主宰上天的玉皇大帝发出邀请文书，当上天的使者下凡来接受文书时，擂鼓三通，鸣锣三阵，法师双膝下跪，把文书呈上。使者们接过文书后又敬酒三巡，然后打马回天。使者一走，场上便着手做迎神的准备，先"造楼"，再"搭桥"，解决神灵们的住宿交通问题。接下去，便有一个所谓"开洞"的仪式，即把据说是众神居住的桃源洞打开，让众神出来办事，也让兵将们出来追击妖魔。

在这类傩戏演出中，从桃园洞里请出来的众神，身份已经是双重了：既是人们崇拜、祝祈的对象，又是装模作样的"戏神"。扮演众神的演员，平时只是普通的农民、工匠、小贩，一旦来到傩戏演出的后台，他们要经历一次虔诚的身份转换。这种转换，与一般戏剧演出中演员向着角色的转换有着重大的区别。众神的面具，在他们看来是神圣之物，在特定的时日，把面具从神庙抬出，抬至村庄的路上，锣鼓阵阵、旗伞飘飘，村中各家，皆设供案迎接。这样神圣的面具，在戴到演员头上之前，演员本人还要向它们礼拜，甚至口中还要念念有词，祈告戏神暂时吸纳自己的魂魄。当面具终于戴到演员头上之后，戏神也就有了一颗世俗的灵魂。至此，出场演出的众神，也变成了神圣性和世俗性相糅合的混合体。

每个出场的神，往往有姓名、有年龄，还有不少逗人发笑的幽默台词，它们各自负担自己的神职使命，但又是乡人颇感亲近的形象。在中国各地的这种原始表演形态中，神的系列本身也十分松动。开始还以神话中的自然神祇为主，后来慢慢被世俗神祇所代替。历史上真有其人的英雄，民间传说中的主角，乃至说唱文学、历史故事中所描述过的形象，都进入了神的队伍。关公、周仓、钟馗、秦叔宝、尉迟恭……这些极为民间熟悉的人物，也被作为神而恭迎着、崇拜着、驱使着。连原先在中国影响很大的原始水神河伯，也被治理四川都江堰的二郎神所代替。

这些世俗神祇也承担着一定的宗教文化任务，但始终未曾有一种比较系统的宗教理义统摄全盘。因此，人们的目光由仰视转为平视。尽管仍然是祭仪性演出，却在很大程度上已成为凡人情怀的民众典仪。这与欧洲中世纪的宗教剧有着明显的差别。

在这种情况下，演出也就很自然地进入了片段连缀的"小戏"部分。这些小戏，是开头部分祭仪的延伸，在总体上也与祈祝、驱邪、祭祀有关，但每一段都有简单的情节和独特的技巧，主要功能是让人娱乐。只是在最后，又会以一种仪式性的归结把演出活动收住，由审美活动回归于祭仪。

多数现存的原始表演中，小戏片段的演出还会进一步过渡到"外戏"、"本戏"、"正戏"和"大戏"。"外戏"之所以称为"外戏"，表明它对祭仪有更大程度的松脱。内容多为民众喜闻乐见的著名传说故事，一般已不戴面具，有时还需临时搭建舞台。这种演剧部位，有的地方如安徽贵池，明确称为"本戏"、"正戏"和"大戏"，那就更显然地表明了演出者兴趣的转移。审美功能，已由"外"转"正"，由附加、穿插上升到本体地位。各地的"外戏"、"本戏"、"正戏"和"大戏"，在内容和形式上都有一些差异，但基本上是对著名传说故事的敷演，有的还占据了很长的篇幅。这个部位的最后一个剧目，往往是《孟姜女》。演完之后，再以《关公斩妖》之类片段作为祭仪性了结。

由此可见，现存原始傩文化的祭仪性演出，并不表现为祭祀方式的一以贯之，而是一种在祭祀心态笼罩下的审美观赏活动。

二、环境意识

这种笼罩着仪式气氛的原始表演，对环境有一种收纵自如的占有能力。它们一般都把一个村落、一座小镇看成整体演出环境。

任何祭仪，要把天地鬼神囊括于一处，就必须假设一个宏大的心理环境。正是这种心理环境，伸拓出了不小的演出环境。

据《汉书》、《后汉书》、《隋书》以及段安节《乐府杂录》、孟元老《东京梦华录》、吴自牧《梦粱录》等著作的记载，在中国历史上，宫廷傩的演出曾出现过惊人宏大的场面。特别是汉代以后，演出队伍本身就极为可观，他们装扮着主持驱鬼的"方相氏"，装扮着"十二神兽"，还有一百二十个儿童扮演的"侲子"，一场演出往往要上场好几队陪衬演员。皇帝和王公大臣亲自观看，一品至六品的官员都要陪观。后来，官员家属、市井百姓也允许入宫观看。这就是说，无论演出方面还是观众方面，都规模盛大。到了宋代，演出主角已成为一系列世俗神祇，而观看时的气氛则是山呼海动。到明代，这类演剧从内容到形式都出现了新水平，张岱在《陶庵梦忆》中记述目连戏中有关套数演出时，竟出现"万余人齐声呐喊"的壮观场面。

这类演出是如何控制宏大场面的，我们已不大清楚。在现存的原始表演中，演出方式当然远没有像历史上记载的那样气派，但有一个特点是仍然十分明显的，那就是不固守演区，收纵自如地掌握演出环境。甚至每演一场，村中几处都要响起鞭炮，从而把全村观看者深深地裹卷在里边。

我们可以举一些例子，来说明主动占有环境的演出方式。

陕西傩戏有个节目是追缉女妖，其实演女妖的演员早就趁人不备，潜入青年女观众中，说说笑笑，旁人都以为她是外村观众。追妖法师下台寻找，四处搜索，逢人便问，观众也就随之四处打量，疑惑起周围那些不认识的人来。追妖法师追得辛苦，可随手取用台下小食摊贩的各种食品，摊贩绝不计较。待到观众和法师终于发现目标，便一起包剿捉拿，最后在观众的齐声呐喊中把女妖驱赶上台，示众惩治。

湖南长河戏《目连》演主人公出生时，亲戚来贺，真的骑马、坐轿，其他演员扮作随从捧抬着礼物，在真实的街道上走过。坐在轿中的女演员，用当地妇女走亲戚的习惯土语向街道边的观众说："我做客去了！"然后，观众跟着他们，一起来到演出场所，台上开始演出喜宴剧情。

在同一个节目中，有一个情节要求剧中人拦住官员的轿子告状，戏也演到了真实的街道上。先是演县官的演员坐着轿子从戏台出发，一批随从相跟，大批观众也就呼拥前后，自然地变成了街道上的行人。告状的剧中人三次拦住官员的轿子，前两次都因阻挡官员的罪名被打，第三次官员才被他的固执所感动，收下了他的状子，带回戏台审理。

湖南祁阳目连戏有一个情节，是雷神捉拿两个拐骗犯。两个演员在戏装外面再披上一件与观众无异的寻常服装，不施油彩，但在手心上却已调好了要用的油彩，安定地坐在台下小吃摊里喝茶、吃点心。当雷神大喝一声"捉拐子"并下来追缉时，这两个演员迅速从座位上跳起，甩去寻常服装，露出戏装，并用手掌上的油彩快速在脸上化妆，随即绕场奔逃。奔逃时仍要露出拐骗犯的本色，随手抢取路边小贩的各种食物。这个场面，足以激发乡民识破和追逐拐骗犯劲头，现场效果非常火爆。

还是在这个节目中，主人公的母亲死后，主人公四处化缘、超度母亲。演员身披袈裟下台，到演出所在地的村镇，上门跪拜，以求施舍。观众们纷纷回到家里，把家门打开，非常乐意地向他们赠送银钱和大米。在过去，一届演出，能得大洋数百、大米数担，这些收入都归这位演员所有。因此，当时有一种传言，演一届这个主角，能抵得上做一任县官。

这种打破舞台区域的自由环境意识，追根溯源，还应归之于中国原始礼仪向生活和艺术的双向散落，一直处于边界模糊的交融状态。古代中国人不愿把生活仪式和演剧仪式划分得泾渭分明、一清二楚，因此，当他们把生活环境和表演环境互相延伸的时候，觉得十分自然。

现存原始表演除了扩展演出环境外，还会呼应更广阔的时空环境，使演剧融入自然生态。在时间上，它们一般在特定的季节和时令上演，就像自然界的草木，有节律地枯荣。大家甚至认为，这种演出有"畅节气"的作用。在空间上，它们一般都要选择演出的朝向，在演出之前十分重视"拜五方"之类的仪式。五方，即东、南、西、北、中，中国古代空间意识的代名词。演剧既要通过这种仪式来连接宏大的空间，又要在这宏大的空间中来安置自己的方位。无疑，这已牵涉到了中国人的宇宙观。

三、串珠结构

这种原始表演，大多呈现为宽松的串珠型组接状态。

要祭祀的神有那么多，每个神来自不同的天域、代表着不同的职能，那也就只能让他们逐个上场，单个表演，轮番出现在观众面前。开头部分的单个戏神是这样，接下去的演出也保持着片段递进的节奏。每一种傩戏演出，都可以列为一串并不密切相干的故事片段。甚至演出"本戏"、"大戏"，出现了篇幅绵长的故事情节，其结构仍然是片段性的递接。它是"线段"的绾接，而不是"块面"的浇筑。

曾有理论家以建筑学与之类比，说希腊艺术的结构宛如雅典的帕特农神庙，中国艺术的结构宛如颐和园的长廊。中国原始表演的这种串珠型结构，已经反映了这种民族审美习惯。直到明清传奇的冗长组接方式，折子戏的切段式组合，仍能看出这种审美习惯的自然发展。推而广之，章回小说的结体，中国山水画中的"散点透视"，乃至《长江万里图》长卷的布局，都与这种审美习惯有关。

原始表演的这种结构方式，并不是苟且之举，它至少强化了以下几方面的表现能力——

其一，增强了内容的吸纳力。由于它是宽松而有弹性的，因此常常可以偏离情节主线增加一些有意义的片段，加多了也不太显得累赘。因为它本身是一道自然而然的流水，而不是一个容易胀破的壳架。例如，我亲眼看到的一场《孟姜女》傩戏演出，演到孟姜女的丈夫被拉夫去修长城一事，演出就开始描写各个行业被拉夫时的情景。农民如何被拉夫，一段；渔民如何被拉夫，一段；樵夫如何被拉夫，一段；工匠如何被拉夫，一段。每一段，当这些可怜的行业代表者上场时，既会表演该行业的独特艰辛，又会表演该行业的独特乐趣和技能，台下观众看得十分亲切；待到他们分别被一一拉夫时，同样从事这些行业的山村观众确实能感受到一种切己的灾难。这种行业性展示，似乎造成了结构的松沓，却极大地增加了演出的社会感应。一部傩戏大戏，拖拖拉拉可以演几天几夜，观众始终被吸引住，便与此有关。因此可以说，原始表演的这种串珠型、流线型结构是可以随处改道的，只要它紧贴着社会审美心理的大地，便可成立。

其二，这种结构，易于拆卸、组装和折叠，增加了表演活动的整体自由度。一届表演活动，占时不短，观众的情绪和兴趣必然有起伏变化，因此演出可以自由搭配，也可以临时删削。哪一个节目观众反应热烈，可以再演一遍。这种情形，对于西方"金字塔结构"式的严谨戏剧来说，是完全不可想象的了。更能引起现代戏剧家惊讶的是，每个剧目的最后一出都暂时不演，存着，等到全部演出的末尾，把各剧的最后一出放在一起联演。这也是一种"敲碎后的重组"，用"抽线头"的方式把各个结果在最终打一个结，让观众重温全部演出活动的气韵。这毕竟是一种大手笔，敢于用暂时的情节避让来通达一种仪式的完整。

其三，这种结构，保持了演剧者对于剧情的阐述、评判功能。云南的"关索戏"、贵州的"地戏"、贵池傩戏等，都或多或少保存着说唱文学的印痕。从剧本看，往往还保持着第三人称。就中国戏剧文化发展的主体航道而言，这是初级阶段的标志；但这种初级形态之所以能长时期留存，也有它自身的特长，不能一概视之为粗陋。

我在一九八七年二月十日夜到安徽省贵池县一个叫刘街的山乡观看傩戏时，曾对这种叙述体演出有亲身感觉。那夜"本戏"部分《陈州散粮》一出，主角包公及随员戴面具登场、舞蹈、入座后，即有一个当今寻常农民服饰的老汉坐落在包公案桌边上，翻看唱本，纵情咏唱。他一唱，戴面具的演员们就照着唱词动起来，但动作特别缓慢、简约，甚至长时间处于"定格"状态，好像故意要为唱词做阐述性造型。老者戴着老花眼镜，边唱边抽烟、喝茶，从容自若，很快在舞台上处于主导地位。对于剧情，他是一个间离性的因素，但对于观众，他却成了乡民与剧情的"渡桥"，代表村民的本土意识，指挥和评价着剧情。布莱希特如能看到这样的演出片段，肯定会非常兴奋。

其四，这种结构，不固守自足框架，有利于演员的即兴表演，增加表演活力。原始演剧不愿意让故事结构过多地限制自己，一有机会就舒心舒意地自我呈现一番。例如，湖南傩堂戏中有一出表现一对青年男女定情，按风俗习惯应该互拜，但该谁先拜呢？这对俏皮的恋人就玩笑开了。女方出于少女的矜持，男方出于文人的斯文，都要对方先拜，争执不下。唱词现编，针锋相对，两个演员比嗓子、比表情、比灵活、比素养。如果遇到劲敌，这个竞艺场面可延续好几个小时。观众也可即席评论，台上台下，融成一片，直到最后响起和解的鞭炮，才算完事。你看，这儿竟然活生生地嵌入了一整场歌咏比赛，而歌咏的内容却又与剧情大体衔接。这类灵活穿插，甚至还可以造成台上、台下对歌的热闹场面。于是，剧情成了一种稀薄状态，结构成了一种自由载体。

以上所说的原始演剧结构方式确实显得比较简陋，但是，它可能比后来某些静雅的高级形态更能贴近中国世俗观众的深层习惯，因此也就有理由引起文化学者们的重视。

四、低度消耗

中国现存原始表演的又一个重要的美学特征，是演出的高技艺和欣赏的低消耗。

几乎一切原始表演都会有技艺展现。只要在剧情上稍有机会，演出者就会提供大量的大众娱乐项目。演员在此时就要耍弄与马戏演员、杂技高手、拳术师、武功师相差无几的惊险技艺。不同的是，这些演员还要使表演与剧情稍有联结，如"踩刀"、"上刀杆"等技艺表演，会比拟人生道路的险峻关隘，祝祈着人们一帆风顺；"翻叉祭"则会寄寓人们收服妖魔的艰辛和决心，等等。与情节关联更密切一点的技艺表演，更是观众的欣赏热点所在。

也有一些傩戏表演，展览技艺的比重极大，留有明显的"百戏"

痕迹，有时甚至成了大众娱乐的大聚会。例如我所看过的江西九江地区德安县在正月间演出的《潘太公游春》，由当地人们尊奉、祭祀的潘太公在新春来到之时骑马踏青作为连贯线索，中间展示出一个个技艺片段，不仅有杂技、相扑、玩杆、耍蛇表演，也有滑稽的哑剧片段。这一些，是人们献给潘太公的，也可以理解为潘太公在游春时所看到的。潘太公和他的妻子分骑红马白马，以木偶形态出现，反复地串络在这些片段中间，使之连成一体。这样，也就成了一种结构特别疏松的傩戏。

中国原始表演的技艺性娱乐，与它的仪式性相表里，这一点，在世界上颇为特殊。但是，这种特殊性也深刻地影响了中国戏剧史。技艺性娱乐因素长时间地自我陶醉，不愿被某个严谨的文学故事吞食，这便是中国成熟戏剧晚起的重要原因之一。当成熟的戏剧终于出现之后，这种审美癖好不是赶走了，而是提高了。后世戏曲始终在唱、念、做、打、手、眼、身、法、步等方面展现着技艺的魅力，中国观众也对之流连忘返，这是尽世皆知的事实。

高技艺的表演换来的是低消耗的欣赏。可以想象，在这种技艺表演段落，观众的心理是比较轻松的。即使为技艺的惊险性而紧张，也只是一种浅层次的心理关注，并不涉及深层情感。这种演剧，实际上是一种典型的"低熵文化"。

亚里士多德把希腊悲剧的审美效能归结为通过恐惧和怜悯使人的心灵净化。表面上看，中国悲剧也有这种效能，其实两者有很大的不同。中国戏剧文化从原始演剧开始，尽管也不回避死亡、流血、凶残、恐惧、震慑，却需要尽力让它们即时消释，不追求浓重的心理积累。为了达到这个效果，一方面，有无数的间离因素；另一方面，又逐渐引向乐观的结局。本着中国传统的人生哲学和美学风格，把可能引起的心理狂潮在观赏中平伏。

色彩鲜明的面具也是"低熵文化"的一个组成部分。傩戏的面具十分丰富，研究它即可构成一门专门的学问。面具使演员神化，又使诸神行当化、级别化，乃至性格化，最终归之于固定化。这些神貌固定的神，尽管数量不少，却又极易辨识。观众可以不必花费很多精力去追索它们的身份、善恶、脾性、来历，一望便知。面具本身又是一种符号化的情感间离手段，阻截了观众太多的情感投入。因此，仅面具一项，就大大降低了观众的审美消耗。

与面具有关，一年又一年重复上演人们早已熟悉的几个剧目，展示早就普及的几个角色，更进一步降低了审美消耗。我到乡间观看傩戏时，经常看见村里的老人、妇女争相介绍剧情、演员，而且不断地笑指舞台，纠正演出中的差错。如上文所说，他们也被裹卷，但那是被裹卷在一种仪式气氛中。记得有一位美国戏剧家曾经以教堂布道来比喻戏剧，认为对熟悉的故事，观众反而可以更好地欣赏，正像牧师布道的内容谁都知道，人们更能充分地感受教堂里的现场气氛。

以上种种特征，构成了一种各方面都很质朴的戏剧风貌。演完，脱下戏装，演员们都是普通农民，还要去务农。这种演剧，在粗陋中处处能找到质朴的原始生命力。它就像"赤条条一身来去无牵挂"

的好汉，没有繁杂的外饰，没有多情的意态，却能贫困地长期存活于深山远地。

消耗得低，也就朽逝得慢。质朴，常常比豪华更长寿。中国多数民间观众一直难于适应在一个黑暗的演剧空间里正襟危坐几个小时的那种沉重，他们希望在欣赏过程中自由游荡。即便在成熟的戏曲艺术中，"低熵文化"的痕迹也比比皆是。俄国戏剧大师丹钦科看了梅兰芳的演出后曾评论中国戏曲"最合乎舞台经济原则"，他所说的"经济"，就是指把一切演剧因素都收敛在演员身上，保持着最朴质的美学灵魂。

艺术史就像一把巨大的弓，起点和远景遥相对应。其间拉出一条强有力的弦，把一支支响箭发出。在许多问题上，对艺术发生学的研究，也可汇入对艺术理想的思考。这是人类童年梦想的苏醒，是以一个成年人的脚步对故土故家的皈依，是童话和神话对成长全过程的神秘控制。总之，这是在发掘着民族灵魂深层的一个幽暗而又重要的角落。

在这种发掘中，有可能重新唤起中华民族已经沉睡多年的艺术灵魂，欢快地加入现代文明。

谢谢大家。

三度穿越

（1997 年 1 月 1 日）

各位朋友：

今天是一九九七年的第一天，非常有幸，能在佛光山开始新的一年。

星云大师告诉我，在座的很多朋友都读过我的书，因此他希望我向大家谈谈自己。其实我自己微不足道，可说的只是，作为一个文化旅行者，走过很多地方，而且今后还会一直走下去。

经常有人问我，作为一个学者，你跋涉万里的动力来自何处？你遇到艰难时想的最多的是什么？这些问题的答案很多，但其中必定有一个答案与古代的佛教旅行者有关，我经常在他们的事迹中汲取力量。

在古代的中国大地上，走得比较远的有四种人：一是军人，二是商人，三是诗人，四是僧人。军人奉命，商人逐利，远行的目的比较浅显。诗人的远行就深刻得多了，因为他们的步伐踩踏到了精神领域。然而相比之下，精神目的更为明确，因此也走得更为艰苦的，却是僧人。

远行的僧人，不像军人、商人那样成群结队，大多是形影孤单；也不像诗人那样一路吟咏，大多是默默无声。但正是他们，一年一年走下去，终于走出了惊人的精神成果。

但是，就像在其他领域一样，遥远的开创者常常被后世淡忘，即便是今天充分享受着这些精神成果的人们，大多也不了解历代远行僧人们的贡献。这种情况，常常给我一种悲壮的激励，使我能以别样的眼光面对旷野大漠。

那么，历代的远行僧人们究竟留下了一些什么样的精神成果呢？除了重重典籍之外，我今天要讲在生命形态上的三度穿越，那就是：穿越闭塞、穿越孤独、穿越荒凉。

一、穿越闭塞

长久以来，华夏大地比较闭塞。闭塞的原因，既有自然地理方面的，也有文化心理方面的。北方是茫茫的西伯利亚针叶林，西北是沙漠，西南是高原，东南方向则是未敢进入的凶险大海。农耕文明的春种秋收、时序循环，儒家伦理的聚族而居、不尚远游，封建大一统的四海归心、莫非王土，都从各个角度强化着闭塞。更严重的是，这种闭塞不仅对外，而且也对内。厚土观念、籍贯意识、辈分序列，长久地使每一个中国人在狭小的空间中寻找着自己的生命定位，因而形成了层层叠叠的对峙系统，延伸到每一个社会领域。由此，人人战战兢兢又虎视眈眈，每天都可以找到成百上千个引发纷争的理由，而对于纷争的对手则隔阂重重，无从沟通。对于自己生存环境之外的世界，大多漠然无知。

因闭塞而滋生的对抗与互伤，正好与佛教的理念相背悖。所以，历代佛教旅行家的长途跋涉，都包含着突破闭塞的精神使命。法显大师、玄奘大师和鉴真大师就是最好的典范。他们的脚下没有边界，他们的心中没有对手。这种开阔心态，乐于景仰人类的共相，乐于挣脱世间的纷争，在我看来，正是大善的起点。

许多僧人没有法显大师、玄奘大师、鉴真大师走得那么远，但他们大多也起到了突破闭塞的作用。我儿时在乡间，见到散落四处的小庙，见到路上的游方僧人，现在回想起来，觉得都是对那些贫困村庄的巨大恩惠。固守穷乡僻壤的村民从游方僧人的匆匆脚步和谆谆教诲中渐渐懂得，庸常之外还有天地，生死之外还有平静。仅仅这点，开阔，就已经是对逼仄灵魂的救赎。

由此可见，任何走向开阔的人都有可能给别人带来开阔。精神空间是一种共享空间，一人的博大并不意味着对他人空间的剥夺，恰恰相反，只能是共享博大。

佛教旅行家要穿越闭塞走向开阔，常常要付出难以想象的辛劳和牺牲。我每次读法显的《佛国记》和玄奘的《大唐西域记》都会重新受到震撼，一具骨肉之躯为了万里求法居然能克服那么大的艰难，简直是匪夷所思。我想在座诸位都是熟读这两部经典的，那些惊心动魄的经历不必在此复述了。我只想提一提他们的空间幅度。法显大师是六十五岁的高龄出发远行的，他的行程除了走通了中国西北部的白龙堆大沙漠、帕米尔高原，还经过了阿富汗、克什米尔、巴基斯坦、印度、尼泊尔、斯里兰卡、印度尼西亚，最后再穿过中国的南海、东海回来。

在列出这每一个地名时，我们都必须用自己的心衡量一下其间的体量。有很多地方本来还没有进入中国的视野，在法显大师走通之前，只意味着屏障、屏障，永远的屏障，万古不摧的屏障，但是，那么多屏障居然被一位高龄老人全部打通了。从此，中华文明便与亚洲其他几个文化群落从地理和精神两个层面上接通了血脉。法显大师给了中国人一个闻所未闻的大空间，也给了亚洲其他地区的人一个闻所未闻的大空间。也就是说，他凭着一己之力，把无数民众从狭隘中释放了出来，既是空间的释放，又是精神的释放。这就难怪，后来玄奘的万里苦行，一直以法显为楷模和动力。

法显和玄奘用自己的脚步穿越了中国到域外的重重障碍，即便在异国他乡，他们也是名载史册的探求者。我读到过一位印度学者的著作，他认为，要完整地研究印度史，就离不开中国古代僧人的旅行著作《佛国记》和《大唐西域记》。这里出现了一个奇怪的现象，行者的脚步本来是想探寻陌生的，居然成了陌生土地的坐标。这证明，一切外来者的作用不仅是交流，而且还能让对方获得自我确认。

出于对古代佛教旅行家的崇敬，几个月前我又一次到了新疆喀什，那是玄奘大师在《大唐西域记》中记述过的地方，今天一看，还令人惊悚。东边是浩大无比的沙漠，西边是高入云霄的帕米尔高原，不管哪一边都需要徒步跋涉几个月，而且都是九死一生的巨大冒险。当佛教旅行家一旦把千古壁垒走成通道，东亚文明就和其他文明直接沟通了。这种沟通的历史意义无与伦比。

梁启超先生指出，中国古代有两次与世界上其他智慧系统的大交汇，第一次是晋唐间的佛学，第二次是明朝晚期的历法和算学。其实第二次也是以宗教为媒介的，主角是西方的基督教传教士。当中华文明与其他文明一沟通，世界历史就从整体上进入了新阶段。

我置身于沙漠和高原的缝隙中感受到了这种沟通的极度艰难，因此对上世纪末本世纪初深入中国西部的欧洲探险家斯坦因、斯文·赫定等人也产生了某种敬意。过去，我曾经因为他们拿走了太多敦煌文物而心存不快。现在，不快犹在，却又增添了对他们的理解。他们是凭着开阔的人类文化视野，冒着生命危险来来去去的，并不具体代表哪一个国家。

从闭塞走向开阔，这并不仅仅是古代的事情。到了今天，随着交通的日益便捷，闭塞的外部原因已渐渐消失，而内在原因却未必轻易消除。尽管多数现代人已经有能力驰骋国际、熟知天下，而内心却常常拘囿自闭，互相觊觎，让自己和别人都不快乐。为此，不少现代勇士还要以古代佛教旅行家为师，以万里徒步给那些故步自封的现代人以启发。

上海探险家余纯顺已经独身徒步跋涉了整整八年，去年终于倒在罗布泊。他死时的姿态，面对着上海。我想他是在向一座城市做出一种既古代又现代的提醒。因为谁都知道，上海这座城市本来是以开放起家的，后来却渐渐夜郎自大起来，在自鸣得意中表现出一种现代的闭塞。这个提醒由上海人自己来做比较合适，而提醒的方式居然不是语言，而是脚步。余纯顺在去世前的一次报告中专门提到："现代世界上走得最远的是阿根廷的托马斯先生，但托马斯先生已经年老。这个纪录应该由我来打破，因为我们历史上有过法显和玄奘。"上海人显然接受了余纯顺先生的提醒，他小小的遗物展览才几天就拥挤了几十万人。

二、穿越孤独

佛教旅行家在出家时已经向世人呈现了一种生命的无局限状态，削发修行，解除了自己原先的家族定位、姓氏定位、籍贯定位，只剩下洒洒脱脱一个人。照理，这种洒脱中难免会包含着某种孤独感，因为自己撤离了原先可以依靠的各个坐标。那么，当他们开始旅行的时候，这种孤独感就会更加强烈。不是吗？玄奘大师旅行到最艰难的地区时，甚至连最后的向导都逃离了，只有自己柔弱的躯体挣扎在沙漠中。沿途伴随他的，只有一具具前驱者的白骨，他把白骨当作向导。

但是，从玄奘大师的记述来看，似乎找不到什么孤独感，这是为什么？此间原因颇为艰深，我想来想去，觉得答案可能在反面，也就是他们对于凡俗红尘有一种透辟的认识，懂得真正的孤独反而是在互不关爱的热闹之中。

我有一位叫刘雨田的朋友，十几年前离开城市独自到沙漠旅行，他反复告诉我的一句话是"在街道间我感到孤独，在沙漠里我感到充实"，我思考很久，大体理解了他的意思。刘雨田先生说，他最盼望的死亡，是某个早晨在茫无人烟的沙漠中，精疲力竭的自己突然凭着第一缕晨曦发现了一具千年前遗留至今的骆驼骨骼，慢慢爬过去，抱住它，然后笑眯眯死去。让"我"消失在空间和时间的荒原上，他一点儿也没有顾影自怜。他为什么如此迷恋千年前的骆驼骨骼？那是在寻找千年前的同路人。他和千年前的同路人一起赶路，赶路总有彼岸，彼岸便是一个特别的精神天地。他不喜欢街市间的众生不问彼岸而匆匆忙忙，因此需要在荒野大漠中去体验生命的意义。他希望有更多的人获得这种体验，因此由自己来做一点示范。说到底，他是用远离生命、奉献生命的方式在定义着生命，所以在沙漠中一点也不感到孤独。

由此联想到，玄奘和其他佛教旅行家更不会有孤独感了。他们即便孤身一人，也在引渡众生。他们"无我"，而世界上一切无我的人都不会感到最终的孤独。

孤独，是我在佛教旅行家身上领悟到的最艰深哲学。一个人，必须寻找孤独，坚守孤独，享受孤独，然后，在至高意义上穿越孤独。

这里有一个让我感动的例证。云南昆明滇池曾有很多海鸥栖息，前些年由于人们的种种不友好行为使海鸥渐渐离去。曾有人发动市民开展一个挽留海鸥的行动，开始有效，但久而久之大家也厌倦了。但是，几个经常去滇池边游玩的大学生发现，有一位老人不管刮风下雨，总是每天坚持在悄悄地饲养着海鸥。他按时步履艰难地来到水边，从手提包中取出早已捏成碎粒的饼干，极细心地招呼海鸥过来。

有一天，一位大学生发现，老人的步履更艰难了，十分感动，就顺手拿起相机拍了一张照片。第二天，老人破例没有来，第三、第四天也不见踪影，大学生感觉不祥，朝平日老人来的方向打听，终于知道，老人已在日前去世。他们来到老人居住过的小屋，简陋狭小。人们告诉大学生，独身老人这些年的唯一事情就是关爱海鸥。

大学生震动之余，就把那帧最后拍摄的照片放大到与真人一样的尺寸，竖立在水边，旁边写了两行字："老人已去，让我们接着来关爱海鸥。"没想到照片刚刚竖起来，无数的海鸥立即围拢过来，绕着遗像一圈圈盘旋。有两排海鸥整齐地排列在遗像跟前，宛若仪仗队。

我在电视新闻中看到这个镜头，感动不已。我想，这个老人在孤独之中献出了一份真诚的关爱，连海鸥也不再让他孤独。我不知道老人的宗教信仰，但他的终极图像极具宗教美感。

我想，在漫漫红尘中，世事艰难，人生不易，我们很可能是滇池边孤独的老人，很可能是无助的海鸥，也很可能是旁若无人的大学生，互不理会，百无聊赖，不小心还会互相伤害。但是，只要其中一点渗透出一份爱心，全局立即改观，一种慈悲的能量进入了人心传输网络，彼此敏感，互相叠加，最后谁也不再孤独。请看滇池边那个动人的镜头,从来未曾用语言沟通过的三方,不管是活着还是死了,不管是人类还是非人,全都因关爱融成了一体。

老人每天从自己的小木屋走向水面,风雨无阻,一天又一天,一年又一年,从无止息。在我看来,这便是闹市间的万里行脚。在他的脚步间,可以看到古代佛教旅行家的依稀踪影。所谓"舍身求法",那个法,未必是书面文本。滇池边那个天人感应的仪仗,不就是世间大法的显现?

因此,在我看来,古代佛教旅行家浮动在万里荒漠间的身影,就是法之所在。就我本人而言,也是终身仰望之所在。

三、穿越荒凉

讲到这里,我显然已经绕不开美学问题了。远行的僧人们不管是以开阔战胜闭塞,还是以关爱战胜孤独,其结果,都是一个宏大的精神境界。这个境界,不仅善,而且美。

世间的大美总离不开人类的精神追求,没有这种追求,浩瀚的沙漠和雄奇的群山只是一种未被开发、未被唤醒、未被点化的美,因此再奇特也只是荒凉,无所谓美。由此可见,远行僧人的脚步,正是在对沉睡的土地进行着开发、唤醒和点化。

但是,远行僧人们还不满足于此。他们还要留下一些外化形态,留下与精神追求相呼应的可视形式,这使我对他们产生了另一份特别的尊敬。

不少人有一种误会，以为佛教是追求清苦、摒除美丽的。但是我在旅行中无数次地感受到，凡是寺庙、道场所在地，风景总是特别美。从各寺院留下的史料、石碑来看，大多是一位德行深厚的游方高僧发现了这个地方，虽然荒昧未开却气势独具，便立庵建寮。开始往往是一个草庵而已，数十年努力渐成规模。现在我们站在这些庙宇的大门前四下眺望，不得不佩服当初的游方高僧对自然美景的敏感和抉择。

另一种情况是，起初景观平平，十分荒凉，由于多年来的精心设计建造，寺院、山路、花树搭配得无限巧妙，渐渐变成了一种人造美景。结果，在中国大地上，几乎成了一个规律：凡有美景必有寺庙，凡有寺庙必有美景。

荒凉贫困的大地，堪称美丽的地方并不太多，但居然如此亲切地与佛教共依共存，谁还能说佛教是摒除美丽的呢？

更让我感动的是，中国历史上佛教的命运坎坷，统治者一再地贬佛灭佛，佛教寺院不得不从都城流落山野，但流落山野依然营造美好，用自己的伤痛换来了山川秀色，实在是一种极为慈悲的美学精神。

今天名传天下的许多名胜，之所以能在连绵不绝的战火中一再修复，很大一部分是靠着僧侣们的努力。僧侣们为保存美景长期承受着山间猛兽和自然灾害的侵袭，他们往往衣衫褴褛、面容枯槁、食不果腹，但他们却成了山川秀色的永久护法。

僧侣们对美的贡献，还远不止此。任何历史学家都无法想象，如果删除了佛教艺术，中国的雕塑史、绘画史、建筑史将如何书写。僧侣们深知佛典高深，便决定把佛典化作直觉造型。乡间不识文墨的善男信女可能连天天诵念的《心经》都不解其意，但当他们进入到一种肃穆庄严的建筑气氛之中，抬头仰望高大而又慈爱的佛像，一种平静的普世关怀从佛像的眉宇间散布出来，弥漫殿宇，他们也就在刹那之间领会了佛教的基本精神。

这种将佛理付诸直觉的高明方法，是美学的至境，却正是由僧侣们营造出来的。我认为佛教对于中国美学的贡献，无论在普遍性还是在高深度上，都无与伦比。因此，风尘仆仆的行脚僧侣，心中大多埋藏着一个美丽的天国，在穿越荒凉。

营造可视的美景和不可视的美景，是互为表里、互为因果的。佛教以风景之美、佛像之美映照出佛理、佛法之美，这是一个健全的美学系统。我在与各个佛教圣地、各位佛学高人的接触中，尤其是这次与佛光山和星云大师的亲近中，强烈感受到这种覆盖处处的美学系统。因此我要说，佛教其实是一个美丽的宗教。

综合以上三个方面，作为一个旅行者的我，一直在路上寻找着前辈远行僧人的脚印，并且，越来越觉得这种寻找与我在文化领域里的寻找是同一回事。我终于到了久闻大名的佛光山，这是我万里寻找的重要一站。过些天还会到花莲的慈济，把我的寻找继续下去。

谢谢大家。

无伤害原则

（1997 年 1 月 7 日）

各位朋友：早上好！

慈济功德会是佛教在当代世界的辉煌实践。能到这里来演讲，是我的荣幸。

有关慈济的书，以前读过不少。来到花莲之后，不停地看，不停地听，一切都变成了切实的感觉。昨天我拜会了证严法师，谈了很久，还跟随她探访了慈济医院的病房。今天清晨，又参加了她主持的朝会。虽然时间不长，却已清楚地看到证严法师把高深的佛理变成了一种人人都能参与的慈善行动，参与者在奉献中享受着崇高。

享受崇高，这在浮嚣尘世是一种多么珍罕的体验。

记得昨天证严法师在向我介绍慈济同人到灾区救助危难的经历时，一些参与救助的年轻法师在一旁兴奋地插话，讲述着他们的亲身感受。最让我感动的是法师们的心态。他们由衷地认为并不是他们去施舍了什么，而是身处危难的灾民给了他们锻炼心性的机会。

因此他们告诉我的故事，全是有关灾民的高尚和可爱。

我初一听觉得他们是不是过于谦虚了，但听着听着便明白了这本是佛教精神的自然伸发，现今已成为法师们基本的生活原则。人和他人、人和世间，本是相依为命、彼此滋润的，不存在救助和被救助、施舍和被施舍的绝对界限。领悟到这种关系，便会满心欢喜，满心感激了。

在朝会里，慈善活动的参与者们交流着各自的所见所思。一位在美国留学的小姐腼腆地站起来说，今天是她十八岁的生日，她早就在计划向父母敬献一份感激的礼物，想来想去终于决定，悄悄从美国赶回慈济，做四天救助病人的服务工作，作为献给双亲的礼物。她的母亲也在朝会中，站起来走向女儿，一把抱住，接受了那份礼物。这种动人的场面，在慈济是经常发生的，在我看来颇有精神深度。

在生日里，因感悟到自己生命的来之不易而加倍地珍惜别人的生命，我认为这里触及了生命的奥义。生命不是单个奇迹，而是人类相聚的盛典，因此它的价值产生于互相珍惜之中。

互相珍惜生命的集中表现，莫过于慈济医院的临危病房了。最好的医疗和护理姑且不论，为了给来日无多的重症病人送好世间生命的最后一程，特地开辟出一个美丽的空间，能晒到太阳，能看到大海和高山，还让病人亲手种植一盆盆鲜花。

证严法师把我领到了这个空间，我环视四周，大海便是太平洋，高山便是中央山脉，慈济人把生命看得如此隆重，居然要挽请大海高山一起来欢送，还让临行者在大地上留下一批美丽的小生命，这一切实在是令我非常感动。

今天的演讲只是这种感动的一种延续。我长久思考的一些问题，例如文化的无伤害原则，由于受到慈济人的触动而有了更明确的体会，趁这个机会向大家报告一下。

我刚才一登上讲台就已经发现，昨天向我讲述救助故事的众法师，朝会中见到的今天过生日的小姐，以及把重危病人轻轻推到那个美丽空间去的护理人员，都在这里。谢谢你们，谢谢你们给我的宝贵启示。

人们为什么那么容易互相伤害

二十世纪思想领域的成果之一，是多数智者都确认了这样一个事实：人类最大的敌人是人类本身。以前那些世纪也有一些智者这样说过，但更多的人还总是习惯于把最大的灾难归之天灾和传染病，没想到二十世纪居然连续爆发两次世界大战，再加上意识形态对峙和自然环境的破坏所产生的严重后果，人们再也无法看轻人造的灾难了。二十世纪很快就要结束，我们有没有可能在这方面好好总结一下教训呢？

我认为，最值得注意的是人们有意的互相伤害。互相伤害也可能是无意的，但多数是有意的。而且，已经变成了一种巨大的惯性，这就十分可怕。互相伤害一旦成为惯性，也就成了一种生态氛围，人们即便暂时没有陷入伤害和被伤害的泥淖，也会产生莫名的恐惧，沉淀成大大小小的精神疾病而集体自我扼杀。

我们如果缩小视野来反观自身，那么，匆匆一生存活至今，又有多少时间沉沦于互相伤害的境遇和心态之中！高智商的以高智商的方式互相伤害，低智商的以低智商的方式互相伤害，层层叠加，直到无可理喻，无以言表。一个人如果能够避开这一切，人生的质量将会有何等幅度的提高啊。如果扩而大之，人人都能避开，人世间又将会变得多么可爱。

因此，我认为通向人间天堂还是通向人间地狱的岔道口，有一个分道的标记：是否互相伤害。

试问世间，有多少人愿意在互相伤害中度过一生？大家都不愿意，却又一起陷入，其间一定有一种魔术般的误导。人，究竟是如何陷入互相伤害的迷魂阵的呢？

至少有四种误导，而且都是堂而皇之的误导。因堂而皇之很容易给人带来道义诱惑和心理安慰，结果被误导的人便越来越多。

第一种，善恶误导

在多数情况下，人们在进行互相伤害的时候，总是过早地把恶的定位加给对方，这就把自己的伤害行为当作了善行。那么，为什么早早地把对方定位成恶呢？往往是由于一些攻击性的言行。但是，我们必须明白一个最简单的逻辑：天下的大多数攻击，不管是始发性攻击，还是反应性攻击，起因都不是因为自己强大，而是害怕对方强大；不是因为自尊，而是因为自卑。

孟德斯鸠的名言，"我们有礼貌是因为自尊"，这句话的另一种说法是："我们攻击他人是因为不自信。"由于假想着对方的强大，很快就在心底虚设了对方"以强凌弱"的结构，这一来，对方就成了心中的恶。

请看世间一切纷争，小到两个孩子打架，大到两个国家摩擦，哪一次不是大大地夸张了对方的威胁性？这种夸张，有的是刻意宣传，有的是自己相信，后者更为可怕。凡是被威胁、被欺侮的一方起而反击总被人认为是正义的，因此互相伤害就在自认为"合理合法"中升级了。

双方都祭起善的名义，却合力做起了恶的游戏。在我看来，世间天生的恶并不是很多，更多的是由"恶的游戏"培植起来的"人造恶"。因此，在没有足够证据的情况下判定对方是恶，本身就是恶。

第二种，资讯误导

是什么促使我们判断对方在发动攻击呢？是什么促使我们下决心反击呢？又是什么促使我们要把一场场争斗长时间地坚持下去呢？是资讯。资讯会给我们一种信任感，但资讯远不是事实本身。这就构成了一个极不可靠的情报冲击系列，十分害人。

误传的资讯让人做出错误的判断。为此，很多人也渐渐明白了谣言的危害，但他们对那些具有局部真实却又以偏概全的资讯毫无警惕，其实这种资讯的危害并不比谣言小。

谣言因其整体的虚假容易被识破，而这类资讯却因其局部的真实性而具有强大的蛊惑力。

对方也有同样的资讯系统，于是两方的任何举动也都变成了摩拳擦掌。

资讯误导的更大弊病，是把一切敌对的资讯系列化。任何小小的冲击一旦发生，就会快速整理出一整套远期原因和近期原因。尽管这些原因是捕风捉影、牵强附会的，但因为找到了"原因"，心中铺排出了一种逻辑上的必然性。结果，偶然性的冲撞立即变成了多年结怨的一次爆发，甚至变成了世代仇恨的一种宣泄。

这一来，明明是一个点，却延伸为一条线、一个面，一种谁也不可轻视的有关过去和未来的重压，问题也就变得无比严重。

村庄里两个年轻农民刚刚吵架，就有无聊的老婆婆提供资讯，罗列他们两家从爷爷辈开始有过多少次碰撞。老婆婆记性真好，于是今天的吵架也就连通了百年世仇，再也解不开了。不幸的是我们不少栖身于政坛、商界和社会各行各业边缘的智囊文胆、客卿谋士，常常近似于这些村庄老婆婆，专为加仇添恨提供资讯。有时，甚至连历史学家也跻身其间，使互相伤害有了坚硬的学术支撑。

第三种，骨气误导

对峙一旦形成，攻击一旦发生，就不再撤离、软化，更不会和解，因为这关乎"骨气"。尽管"骨气"的内涵并不明晰，却似乎是男子汉立身处世的第一要义。如果真正关及民族大义倒也罢了，但事实上往往是"骨气"泛化，连再琐碎不堪的事件，也以僵硬的骨气而不肯后退。

这种被大大泛化了的骨气，追求的是一种有传播效能的造型。为了完成和维持造型，就要连续不断地提供攻击对方、伤害对方的系列性行动。在这种情况下，对方的真实情况更不会顾及了，心中只把它当作骨气呈示的靶子，愿意把它想得多丑恶就多丑恶了。再加上前面说过的资讯误导，更是旧恨新仇交织在一起，攻击和伤害变成了复仇，而复仇在世俗道义上又是名正言顺的。"复仇王子"是一个极有诱惑力的骨气形象，不管在东方道德还是在西方道德上都光彩照人。而东、西方的复仇王子都从来不会去调查仇恨的原始成因。

第四种，民心误导

在很多情况下，民心会加剧互相伤害。这种说法似乎于民众不公，而不幸却屡屡成为事实。让多数民众接受澄澈的理性，需要经过艰苦的启蒙。如果突然把他们引入一个打斗现场，他们只会在打斗双方中寻找自己属意的一方，呼唤它的胜利，而不会站出来阻止打斗。从古罗马角斗场到现代拳击场的风景，都是如此。可见，所谓民心，也就是角斗场上的观众心态。

既然是角斗场上的观众心态，那就会要求打斗双方不停顿、不偷懒、不苟且，怎么凶猛就怎么来，怎么奸诈就怎么来。在观众阵阵呼喊的背后，应该还会有未曾呼喊出来的民心，但对打斗双方来说，未曾呼喊出来的民心哪听得见呢？他们只能把身边的声音当作民心，绝不后退，绝不手软，绝不能做众目睽睽之下的失败者。任何单位、街头的纷争，只要出现了过于热心的观众，局面大体相类。

打斗者要打下去，因为有人在看；旁观者要看下去，因为有人在打。双方都把原因交给了对方，结果打斗就是一切，原因变得毫无意义。互相伤害一旦进入这一境地，也就成了本能性的残酷劳作，让人一看就会得出"性本恶"的结论。

在我看来，以上四种误导，都是人类的陷阱，一旦陷入便很难拔得出来。

文化本是一面友善的旗帜

在互相伤害的天地中到处都战旗飘飘，唯独有一面旗帜使所有的战旗黯然失色，那就是文化的旗帜。

遥想在那混沌洪荒之日，一个个原始部落都在殊死搏斗，惨不忍睹，忽然在一个部落中站出来一个老者，在双方惊异不解的目光中第一次打出了和解的手势，这位老者就是真正意义上的文化人。

他在打出和解的手势前，要经历长久的观察和思考，他要在自然暴力和凶猛野兽前研究人与人之间的共性，他要在血泊尸体间探寻与其他部落沟通的可能。这种思考一旦开始，文化就显示出了自己最原始的高贵。

在历史上，不管是东方还是西方，哪一个真正的大文化人不是为了人类的和平、友好而东奔西走、四处游说？世事荒乱，却总有文化人的学园、讲坛一次次陈述着和解的理由；人心浮动，却总有文化人的著作、演说平抚着社会的神经。记得第二次世界大战刚刚结束，在欧洲那些满目瓦砾的城市里，音乐会已经开始，衣衫褴褛的人们走进尚未整修的音乐厅，在圣洁的乐流中，精神立即获得修补。当他们走出音乐厅时，不再是一群疲惫的可怜人。很快，由于他们，欧洲也渐渐恢复了元气。这件事让我一直难以忘怀，因为它使文化又一次展现了自己的原始使命。

文化，永久地寻求和祈祷着世间的无伤害。一旦伤害形成，它又挺身而出进行治疗。治疗好了还要继续追访，预防伤害重新产生。对于前面所列的一个个陷阱，也只有文化才能切实掩埋。至少文化能向人们标示出其间隐患，以防失足。

但是，众所周知，文化在很多时候并没有起到这样的作用，有时反而加剧了互相伤害。这种情形，尤以二十世纪为最。古代文人心底也会有恶言恶语，但即便是"刀笔吏"，所撰文书能有几个人看见？现代的传播系统，使文人心底的那点阴暗扩大成了万人瞩目的方阵，而方阵一旦摆出，对方也浩荡迎战，一波又一波的呐喊在纸页间此起彼伏。

在文化上的互相伤害，要比在其他领域更让人难过，原因有三：

一、这是智能的悲剧

文化上的互相伤害从总体而言是一种高智能的无聊消耗，而高智能在人类社会中本是稀有的珍宝。当世界上许多地区至今还被愚昧无知所困扰，甚至还在努力减少文盲的时候，一些好不容易享受了长期良好教育而具备了充分文化思辨能力的头脑却糟蹋在互相伤害中。而且，把互相伤害的技巧琢磨得如此精确和高效。说实话，这比一群武士尸横沙场，更能显示人类的终极性悲剧。

二、这是邪恶的示范

别的伤害一般不具备示范价值，但文化却总是具有教化功能和传播功能。当一篇篇用词典雅的骂人文章选作课文被少年们诵读，当一桩桩不需要法官裁判的笔墨官司在社会上传扬，当那些能把人气晕过去的诡辩战术被供奉为口舌智慧，互相伤害就具备了文化上的合法性和继承性。很多人还以为，那是强者的必由，制胜的捷径，人间的正道，实在是祸患无穷。

三、这是文明的自贬

文明和文化，本来是与野蛮对立的概念，现在居然成为野蛮伤害的工具，就像警匪一家，形象自贬，让人心寒。小而言之，原先世人对文化总有几分尊敬，现在老是在传媒上看到文化人你一拳我一脚地闹个没完没了，时间一长，只能看轻，乃至鄙夷了。每当社会动荡、世事阻塞，人们总企盼文化智者出来指点迷津，现在反倒是文化本身比哪儿都动荡，一种历史的寄托就此破灭。

正是出于上述这些原因，我认为，为了重新点燃人们的希望，为了重新提升文化的尊严，我们不妨从最低要求着手，提倡文化的无伤害原则。文化的无伤害原则只是起点，它将为社会的无伤害做出示范。

应该遵循的规范

文化的无伤害原则至少应该包括以下这些规范。

第一，着眼文化建设

这句话的另一种说法是，不要着眼于文化批判。当然立即会有人反驳说，没有文化批判，文化建设还不是一团糟？对此我不敢苟同。对于那些在别人刚刚开始建设就指手画脚的所谓文化批判，对于那些认为任何建设都应该按照他们的意图推倒重来的文化批判，对于那些永远只说不行而从来不说怎么才行的文化批判，我建议大家不要过于在意。因为如果在意了，就什么也做不成。须知，不管在什么时代、什么地域，文化建设都具有一种不可侵犯的神圣，文化建设者都应该受到特别的尊敬，即便是批评，也应该持有对建设的充分热忱。

第二，爱护文化成果

这是第一条的自然延续。有建设的热心，不见得一定能出成果，因此，如果有了真正的文化成果，当然要小心翼翼地加以维护。这一点，说说方便，做起来却不容易。因为任何抽象的理念可以理想化，一旦落实成一个实体就必然与理想产生距离，而文化成果恰恰是一种不可能理想化的实体，可指摘之处甚多。但即便如此，也要卫护，就像卫护一个长得不太完美的儿童。一种文化一旦成形，一旦结体，也就是成了一个生命，它有理由受到开导和帮助，却没有义务遭受毁损和攻击。在文化多元的时代，谁有权利按照自己的生命系统来要求和改变别人的生命系统呢？但看起来，误以为有这种权利的人似乎稍稍多了一些。

从根本上说，除了少数例外，文化成果在微观上是创造者生命的直接外化，在宏观上是人类群体生命的切实验证，我们应该倍加爱护，哪怕仅仅是一句诗、两笔画、一串音符。

第三，尊重文化人格

这是文化无伤害原则的关键。荣格说过，一切文化的最后成果是人格，因此，最大的文化伤害也就是人格伤害。可惜的是，文化人由于深知至痛之所在，恰恰总是在人格上互相诋毁。试看，几年来一切文化争论为什么无一成功？原因正是争论双方都不约而同地跳出学理进入了人格禁区。既然进入了人格禁区，就不可能再回到学理上来了。因此我们必须千万遍地强调：不管在什么情况下都不能侮辱对方人格，即便对死刑犯也不可以，更何况对我们的学术对手。对此，许多有品德的文化人都划过警戒线。法国作家安东尼·圣伊苏培里就曾经告示："伤及别人的尊严是有罪的。"抱这种态度的人，应该更多一点。

第四，体谅文人习气

文人习气是什么？不必解释。这是文人之为文人的地方，也是文人最脆弱、最经不起攻击的部位。一种近似于毛病的特点，一种近似于特点的毛病。与社会上的一般人相比，这似乎是一种不正常的状态。但正是这种不正常的状态，促使了风格的产生。谁愿意接受一种缺少风格的文化呢？从某种意义上说，没有风格就没有文化，然而人们往往只要求有风格的文化，而拒绝有习气的文人。

所谓生活常规，是把许多不合常规的人堆在一起之后所取的平均数，有习性的文人大多在这种平均数之外。我发现许多产生不愉快后果的批评，总多是按照这种平均数来抨击文人习性，很容易使文人感到孤立、难堪。世俗社会总是直到这些文人艺术家死亡之后才把他们的习性连同风格一起欣赏，甚至奉为经典，这确实太晚了。

第五，抢救文化伤员

如上所述，文化人的习气，加上他们令人嫉妒的成果和名声，太容易成为箭靶了。世人以为，他们有名声的保护，一定不会受伤，其实这是天大的误会。名声不是盔甲，反而是他们受箭面的扩大。

文化是一种光明的事业，因此文化人永远立身于光天化日之下毫无遮盖。暗箭和投枪不知来自何处，只知他们终于在众目睽睽之下受伤了，伤痛处处却全然无助。连他们的服务对象如读者、观众一时也不会前去救助，因为读者、观众会疑惑自己是不是看错了人，只能长时间地观望。殊不知，这种疑惑和观望成了另一种更钝实的打击，使伤势大大加重。

鉴于此，我们不能不郑重呼吁，一见文化伤员就必立即飞奔过去救护，来不得半点犹豫彷徨，来不得半点深思熟虑。

我查阅大量古代文化人受伤害的记录，最为感叹之处往往不是受伤害之惨烈，而是抢救者之稀少。这种情况，到了现代更为明显。人们在这个问题上总是太矜持、太含蓄、太慎重了，听凭无数高贵的灵魂长时间默默流血、独自舔伤、悄然呻吟。

说了以上五项，必然会遇到的一个逻辑问题：对于已经发生或正在发生的伤害，我们能不能用"反伤害"的方法来对付？我认为比较合理的回答应该是：必须全力阻止正在发生的伤害，为了阻止而产生了难于避免的反伤害也在所不惜，但绝不能防卫过度，超越阻止的目的，变成了报复。正是报复使伤害变成互相的，而互相的伤害只会层层加码而变成不可收拾的灾难。

结语：一切为了爱和公正

无伤害原则的全部依据，只是爱。

生命可贵，不仅自己的生命可贵，别人的生命也可贵。因此，由无数可贵的生命组合成的人类和世界，值得我们维护和救助，这就是我们的出发点。我选择在慈济讲这个题目，也与此有关。因而显而易见，这个题目与宗教精神有一种内在的沟通。

前两天遇到已届九十高龄的张佛千老先生，深为他对周围各色人等都抱有童真般的巨大热忱所感动。我问他原因，他说："我已经九十岁，也就是说，我即使明天离开世界，没有人会惊讶。因此我把每一天都当作最后一天来活，突然发现，这个世界太可爱了，每个人都可爱，都舍不得告别。"

由此产生联想，人际关系的极致是对生命的由衷珍惜。

也许是历史和现实把我们的爱心磨损了？也许是千百万人的自然聚合使我们忘记了生命的来之不易？

多读历史书常常会太深地陷入尘俗的喧嚣，使心肠变得漠然起来。所以我总是一再要求自己，也规劝我的朋友们，少读一点历史，多读一点天文学和生物学方面的书籍，体会一下人类生命出现在地球上是多么稀罕和偶然、脆弱和危难。只有这样，大家才会很自然地从根本上赞同无伤害原则。

为此我不能不引述古希腊哲学家伊壁鸠鲁的一句话，他说："只要有一个防范彼此伤害的相互约定，公正就成立了。"

文化就是这样一种相互约定。伊壁鸠鲁的呼唤已有两千多年了，这个约定尚未完全成立。但在每个时代，真正意义上的文化人总在努力，希望参加这个约定的人多一些。

我们要做的也正是这件事。约定的内容仍然是伊壁鸠鲁说过的那一句：防范彼此伤害。

这是文化的使命，当然先由文化做起。

在慈济讲这番话，比在哪里讲都更有信心。

因此，要再一次感谢大家。

谢谢！

封山闭关，重新选择

（2005 年 2 月 17 日）

王力行：

各位余先生的书迷，大家好。

一九九二年余秋雨先生第一次来台湾，带来了《文化苦旅》这样的大礼给台湾读者，后来，不断有好书一本本送来。

余先生的作品，以一个文化思考者的角度揭示中华文明和世界文明的秘密，又以细腻感人的笔触叩问人生内涵，给广大读者带来极大的冲击。他的演讲具有同样的魅力。

这些天陪着余先生参加很多活动，听他回答不同族群的各种问题，发觉他是个"大叩大鸣，小叩小鸣"的人。从日常生活困惑到人类文明大局，他都能从容回答，给人教益。今天在这个国际书展中演讲，当然要让他谈谈当代人的阅读。在余先生讲完后，请在座的读者发问。

现在欢迎余秋雨先生。

余秋雨：

大家好。在这么一个大型书展上，我不想谈自己，而想谈谈整体意义上的阅读。

记得八年前我在高雄的中山大学也做过一次有关阅读的演讲，是由余光中先生主持的。那个演讲曾被印行在一本书里，因此今天不应该重复。但是，我在这个问题上的一些基本观点并没有改变，所以决定先把那次演讲的基本观点交代一下，然后再引出我今天的重点，这样好不好？

我那次说，在信息爆炸的现代，"开卷有益"的说法十分危险。事实上，当你占有了一本书，这本书也占有了你。你占有书，是一种不知内容的冒险；书占有你，却是实实在在消耗了你不可重复的生命。这种消耗，是一种表面温柔实则残忍的剥夺。

因此，我在那次提出了几条阅读建议。一是要读第一流的好书；二是要读得少而精，不可贪多；三是要选与自己有缘分的书，也就是在第一流的好书中寻找自己能读得下去的书。

这三点，第一、第二点比较明白，第三点却需要解释几句。我说，古今中外第一流的好书不少，其中只有极少数与你的生命亲密对应。这样的书，一旦见到如遇故人，证明你与世界上的某位重要作家有"同构关系"。只要找到这种关系，你也就找到了逼近伟大的缆索。因此，找书，其实是找自己。

在这三点建议的基础上，我今天还要提出一个新的建议。那就是：一个人不妨集中一段时间，像宗教家的封山闭关一般，为自己营造一个安静的阅读道场。

提出这条建议，与人类资讯的超常迸发有关。

显而易见，在这样的年代，随波逐流的阅读已经无异于文化自残。

这不是危言耸听。大家总以为自己有足够的能力在信息狂浪间中流砥柱，在书海字潮间岿然屹立，其实根本不可能。正如美国未来学家托夫勒所说，面对资讯时代，即便是资讯界的前卫领袖也非常被动，在心理承受上都还没有做好下一步的准备。

不仅是传媒界领袖，而且连最冷静的智者也会裹卷在里边。对于媒体间大量低俗和无聊的资讯，智者们开始总是鄙视和怀疑的，因此进行批评，但批评本身就是一种介入。一批智者的介入必然会引来另一批智者，互相辩论，结果就为这些资讯大大地加添了分量，快速扩充为社会事件。但是，事至如此，仍然无改于那些资讯本身的低俗和无聊。渐渐，这种低俗和无聊已构成了社会适应，今后只能追求更刺激的内容了。

这么一个"智者公式"，天天在我们身边发生。看似热闹，却加速了社会的沉沦。

让人沮丧的是，书籍，也已成为社会沉沦的一部分，甚至是关键的一部分。

人们如果由于厌烦传媒的纷乱而想退归书本，很可能是从一个险境进入另一个险境。

如果害怕这种情景，连书也不读了，那又会让我们的生命彻底失重，更无力来面对世间的险恶了。

怎么办呢？我们必须构想对策。

我与几个朋友在上海成立了一个"读书人俱乐部"，请一些可靠的学者推荐好书。我说，我们已经无力在大风大浪的书海中游泳了，只能寻找一二个安全的岛屿。

但是，更重要的，是要在心头筑岛，也就是要阶段性地"封山闭关"。

为什么要提出这个建议？我有以下两方面的说明。

一、我们天天遇到大量困惑，想要通过读书来解惑，但时间总是太碎。即使对于刚刚出版的重要著作，也只能匆匆浏览、无暇深研。在这种情况下，阶段性的集中学习倒是一个最为经济的方法。平日大家都心猿意马、神不守舍，那么，就把心定住，把意拴住，把神守住。虽然不一定要移宅而居，却也应该闭门谢客，减少应酬。基本不去理会阅读之外的资讯，即便是行路、散步，思路也不离正在阅读的书籍。

二、这样的集中阅读，若要达到最高效果，必须进入一个非功利的纯个人境界。所谓"非功利"，包括学术功利。为了博士论文或教职晋升而集中阅读，目的性太强，缺少那种"咀含不尽，静虑顿悟"式的沉浸状态。所谓"纯个人的境界"，是指摆脱社会喧腾和时尚流行，真正开启自己的灵魂，与典籍相融，整个过程是寂寞的无声秘语。

作为现代人，"封山闭关"的时间不能太长。短则一月，长则半年，然后再出关入世，重新打开视听，必是一派高爽。入世时间久了，又会发现精神资源渐渐枯竭，那就可以再一次"封山闭关"。

我提出的这个建议，凝聚着自己半辈子的人生经验。

我这个人，对于文人茶叙和学术论坛历来没有兴趣。我的学术功底都是在密室里暗暗打造的，我的精神修炼都是在偏僻处独自完成的。

原先，我以为那是在一种险恶社会气氛下的无奈选择，后来慢慢明白，这种无奈选择也是最佳选择。

很多台湾朋友告诉我，他们最初看到我的那些书籍的时候，最惊讶的不是里边的学识和文笔，而是那种与当时大陆社会气氛相去甚远的干净和安静。如果真是这样，那么，我已经证明，与身边时空的隔离程度，决定着一个人的文化品级。

"封山闭关"，也就是下一个狠心，克服今日一般阅读的功利化、即时化、浅薄化、琐碎化。

其实，这也是对我们日常生态的暂时割断。

虽然我知道不会有很多人这么去做，但还是希望能有一些年轻的读书人去尝试。

人再少，也为满耳喧哗的现代社会提供了完全不一样的一种眼光、一个方位、一份冷静。

这让我想起了已故日本艺术家团伊玖磨先生，前不久我为他的散文全集《烟斗随笔》中文版写了序言。

他长期住在太平洋的一个小岛上，没有电视、收音机，拒绝各种社会信息。二十年前他来中国时，就与我谈了岛上的渔民、邮局、台风、蚊子和半夜犯病的狼狈。他每年有九个月时间住在岛上，写作，作曲，剩下三个月漫游世界。有人怀疑，他不与世俗接触，哪里来的文学和音乐的素材？而他则庆幸自己的这种隔绝生态。他不订报纸，但偶尔看到，就会觉得东京天天发生那些"新闻"，多半是大同小异的炒作和编造。由于自己离开了三百公里，远远看去，全都成了滑稽。他很满意自己的这种观感。

至于创造素材，他一点儿也不愁。《烟斗随笔》是他写了整整三十六年的连载作品，在日本无人不知。他七十六岁时决定结束这项写作，写了一个后记，我很喜欢，不妨在这里读几句：

今年又到了真正的秋天。

秋天，是在落叶中了结一件事的季节。到了向长年与本文同在的广大读者告别的时候了。

再见！

我不会再回来。老人是要离开的。人们能够看到的，只是他渐渐远去的背影。

老人哼着悠久的曲调走远了。

大寺香袅袅，

升空化雨云。

我想，在现代都市的尘浪中，整整三十六年从太平洋小岛上传来的文字和音乐，包括三十六年后这个哼着悠久的曲调走远的背影，都会时时提醒人们，真正的文化是什么。

被提醒者未必会去寻找属于他们自己的小岛，但他们可能会在日常生活中增加一点宁静的深度。

因此，我所说的"封山闭关"是一个美丽而诱人的永恒境界。

谢谢大家!

听众提问：

看了您的书，感觉您的生命经历得天独厚。从小就开始帮村人写信记账，到"文革"灾难中避祸苦读，再到后来辞职出走。请问您在人生过程中的决断力从何而来?

余秋雨：

年轻时在困境中做出决断，一半是环境所迫，一半是受了长辈影响。相比之下，我的父母温和老实，而祖母和叔叔却比较果敢，我在这方面受他们两人的影响较大。

长大之后，对我的决断力影响最大的，是法国存在主义哲学家萨特。他认为，存在，先于本质。任何人的本质都不是预定的，而是取决于个人的实际存在。而存在，便是一个不断的选择过程。于是，我们看到了"选择—存在—本质"的三段论。那就是，由一次次具体的选择来决定存在，又由存在来决定本质。一次次具体的选择都掌握在各人手中，那么，人生的本质也都掌握在自己手中。

在领悟这种人生哲学之前，我们每个人似乎都被许多不可控的"本质"束缚着。例如，家庭背景、家学渊源、社会阶层、省籍市籍……也就是说，一个人的本质决定于生命存在之前。显然，这是荒唐的。

萨特的意义更在于，他指出了选择的即时性、偶然性，承认了"一念之差"的充分可能；同时他又肯定这种即时性、偶然性选择的结聚成果，会导致很惊人的人生差异。

我这样讲萨特，大概也算回答了您的问题。忘了在哪一天，当我终于明白了自己的生命具有不被各种概念事先限定的自由，明白了自己手上每时每刻都紧握着改变生命质量的权利，那么，我的决断力就产生了。

听众提问：

请问主张不断地选择会不会让年轻人不安心自己眼下的学习和工作，经常见异思迁？您在选择的问题上，对年轻人有哪一些忠告？

余秋雨：

一、选择的重点不在于专业和职业，而在于态度和境界。在今天的社会生活中，即使一个人在专业和职业上的选择不太自由，但在态度和境界上的选择却具有充分的自由，那么不管什么地方、什么职位，都有可能把事情做得极好或极差。萨特在一个剧本中表明，即使被关在监狱里，都有可能选择做英雄或叛徒。

在日常生活中，选择的余地更大。例如，今天去听课，发现这位老师讲得很不好，这是我读大学时经常遇到的事情。在这种情况下有多种选择：一是找借口离开课堂；二是似听非听地傻坐在那里；三是干脆打瞌睡。但我当时却做了第四种选择，那就是仔细听老师讲的每一句话，认真分析他讲不好的原因，设想着如果这个题目由我来讲，应该如何重新调整重点，重新布置逻辑。我还会把这种设想快速地记下来。

当时，我无法做出第五种选择，那就是直接指出他的课讲得不好，而且不好在哪里。因为我觉得自己还缺少让他信服的资格。但很多年后我还是做了这件事，那是在我担任这所学院的院长之后。

现在我外出旅行，常常遇到飞机延误。这也会面临多种选择：一是无聊地在机场逛来逛去；二是打听清楚延误的时间，驾车回城，到时候再回来；三是退票，改日出行；四是与其他旅客一起与航空公司吵架。这四种选择中，看似聪明实则最笨的是第二、第三种，因为这在时间上得不偿失。我一般选择第五种，那就是找一个安静的角落坐下，写一篇短文。

二、如果要在专业和职业上做重新选择，当然也可以，但是在此之前一定要认真地经历一个磨合期，看看自己在这项工作上能发挥到什么样的最佳状态。在最佳状态上做重新选择，才是真正有价值的选择。有人会问：出现了最佳状态为什么还要做重新选择呢？我的回答是：只有爬到了顶峰才会看到眼前还有更美丽的山，才会知道自己还有足够的脚力。

我认为最不好的状态是：完全不知道顶峰在哪里却不断地更换山路，一次次从半坡退回原地，每次都汗流浃背，每次都暗自沮丧。

这里有两种完全不同的选择状态。正面的状态是，每次重新选择都积累智慧；负面的状态是，每次重新选择都带着后悔。

我这一辈子，年轻时的很多选择权利都被剥夺了，当我终于获得比较完整的选择权利的时候，已经三十出头。因此，我非常珍惜这种权利。初一看，我经历过很多次重大的重新选择，正如大家知道的，先做学术研究，再做行政管理，又做散文作家，还做历险考察，兼做跨国演讲……可以安慰的是，每次选择，我都尽力做得最好，不是小范围里的最好，而是大范围里的最好。

我发现，如果是在前一项工作不顺遂的时候做出重新选择，必然会形成一个逆向否定结构，而这样的否定结构又会造成恶性循环，影响今后。例如，我如果在院长做得不太好的时候才提出辞职，新任的院长必须要改变我的工作路线，随之改变相关的人事体制，这会使他不好意思再见我，而我也不好意思再回去。因此，我选择工作状态最好、学院名声最大的时候离开，彼此皆大欢喜，前后顺畅连贯。

借此我可以奉劝年轻朋友，当事情做得不好的时候，不要立即选择离开，最好再坚持一下，看看能不能努力把它做好。做好了，再考虑离开。记住：只有精彩时的选择，才会选择更加精彩。

三、重新选择，就要果断地放弃昨天。

我看周围有些朋友的所谓"重新选择"，其实是重新博取，以前的一切都不放手。这样，他们篮子里的东西也就越来越重，根本没有脚力来走新路了。我的经验是，既然做了重新选择，以前的东西再好也要挥剑割舍，不要拖泥带水。我如果不放弃学术研究，当然也能做院长，但做不好，因为行政管理本身是一项需要全身心投入的繁忙专业，半点松懈不得。后来我辞职了，如果还像国家文化部建议的那样挂着一个"名誉校长"或"学术委员会主任"的头衔，怎么还能孤注一掷地投身历险考察？历险在那些恐怖地区，不仅要彻底忘记自己曾经有过的头衔，而且还要彻底忘记自己的任何重要性，否则根本不可能天天在那样的地方觅食、寻宿、躲枪、逃奔。

听众提问：

　　我即将到美国留学，专业是影视人类学（Visual Anthropology）。但我对这个专业还缺乏基本的了解，请问这个专业有发展的前途吗？

余秋雨：

　　这位小姐的问题太专业了，今天在座的听众那么多，大家未必会有兴趣。但是我又相信，人文领域的任何专业，都应该存在专业之外也可理解的一面。

　　我试着说几句，看能不能让大家听明白。

　　影视人类学是一门新兴学科，产生才十几年。刚开始时，主要是在田野工作中用影视手法表现人类学课题，现在，主要是指在镜头下做社会文化比较研究。

但是，我对这门学科的兴趣点在于影视和人类的关系。自从有了影视，人类对自身的认识就不大一样了，有加深，有拓宽，有改变。人类第一次通过影视手段，发生了大规模的互窥、互盯、互扮，而且这样的事情还在快速膨胀。从此，谁也躲不过他人的关注，只要他人有兴趣；谁也裁判不了任何一个难题，只要他人有异议。那也就可以说，影视重新发现了人类，又重新组织了人类。

大家已经看到，欧美国家的电视经常会连续好几天直播一批人故意封闭的日常生活，收视率居然不低。人们注意的是人类在最平庸状态下生态和心态的底线，观察同类也就是观察自己。有的直播节目复杂一点，为一些真实的参与者安排了不少挑战性的项目，显然更贴近人类学，而不是艺术学。

台湾的电视很丰富，也很活泼。除了新闻节目外，诸多的谈话节目对于生活的快速参与，已成为实际生态的另一半。在我看来，更具有一点影视人类学色彩的，倒是像《全民大闷锅》这样拟态扮演的嬉戏性节目。正是这种拟态扮演，使当今社会上发生的种种时髦事件，不管是剑拔弩张的、呼风唤雨的，还是装腔作势的、令人反胃的，全都变成了游戏。也许有的观众会认为这样的节目"不太正经"，但我要说，太正经的研究属于历史学，太正经的造型属于政治学，而年年岁岁老榆树下白头冬烘乱说天下兴亡，天天黄昏旧土墩上黄毛小童模仿神鬼将相，说完扮完把一切付与炊烟灯火，才算人类学。

影视人类学又要从人类生态的角度，考察这些影视行为的意义、前景和底线。例如，什么样的互窥、互扮能够获得许可，什么样的互窥、互扮将会损害人们的生态安全；什么样的"假戏真做"能让人畅怀大笑，而往前再走一步却会造成对社会的骚扰。

当然，影视人类学还不止这些内容。依我的想法，这门学科应该注重研究影视超大规模的"直观"因素和"仪式"因素对人类感知系统所产生的征服力量，而这两种因素，恰恰又是人类在原始时代的群体心理基础。如果最现代的可视文化与最古老的原始文化接通了血脉，那么，人类的自我认识也许会更完整、更超脱一些。

我要对这位提问的小姐说，你选的专业不错，但至今还处于创建阶段。因此，不要过多地去探究学理，而应该尽力去参与实验。越是丰富的实验资料，越有助于这门学科的学理创建。

还是讲多了，抱歉。

二 写序

序张忠谋

（2001 年 7 月 5 日）

去年秋天，我在瑞士的苏黎世湖畔有过一段时间的停留。这一带在今天的西方世界已经显得很不现代了，但我知道有关 20 世纪"现代人"的最佳阐述却从这里发生，阐述者就是大名鼎鼎的荣格（Carl Gustav Jung）。

荣格说，并不是一切生活在现代的人都可以称为"现代人"。真正的现代人寥寥无几，他们既不站在昨天，也不站在明天，而是站在从昨天到明天的桥梁上。对这种过渡状态的充分感知，使他们在精神上显得十分孤独，因为广大民众总是潜意识地被历史迷雾所笼罩，其中一部分，还会在倒退的本质外面戴上伪现代的面具。只有真正的现代人知道自己是传统的产物，又是传统不忠的臣子，深知传统的缺失，日夜想以边缘性的创造去弥补。但心中又明白，今天的创造很快就会被超越，因此不能不时时陷于恐惧和烦恼。

也许出乎张忠谋先生意料，我在拜读他的自传时，不断想起荣格的上述论述。

张忠谋先生无疑是当今亚洲第一流的杰出企业家。以他为董事长的台湾积体电路公司，简称"台积电"，无论是掌握的资金还是每年获利，在台湾都名列前茅，他本人也在民意调查中成为最受尊敬的十大企业家之一。但奇异的是，十大企业家中只有他一人并非成长于台湾，而是五十四岁时才单枪匹马从美国回来。因此，他在台湾的骄人业绩都创建于高龄岁月。他无疑是知识经济时代的杰出代表，却与人们心目中那些年轻的知识经济偶像那么不同。这就不能不让人重新顺着荣格的思路，在更深刻的意义上来矫正"现代人"的概念了。

现代人未必是年轻人。年轻人天然地习惯于现代，这是他们令人羡慕的优势，但并不是一切年轻人都能很好地发挥这种优势。有一些年轻人由于不知道历史发展的轨迹，反而常常站在陈旧的立场上向现代挑战，连当年中国大陆的"文革"浩劫，也是由一群年轻人以"破旧立新"的口号开始的，而实际上，却是一个彻底颠倒新旧、重返封建专制时代的倒退悲剧。这种情形，在传统厚重而又争斗成性的族群中更容易发生。

张忠谋先生的可贵，在于他以最隆重、最审慎的方式完成了一种文化转型，因此早早地就浑身松爽，成了一个现代创造者。

他的自传从一开始就写清楚了自己的两大文化背景。一是对民族救亡的激情，二是对中国文学的爱好。

对民族救亡的激情应该说从他祖父一代就形成了，由"百日维新"、"民主"、"科学"到颠沛流离，个人和家庭的命运与民族的安危紧紧相连，这就是他落笔第一句所说的"大时代"。"大时代"是不可选择的背景，即使一生器宇轩昂、忧国忧民，也逃不掉诸多精神上的敏感和障碍。

另一个滋养他又束缚他的背景是中国文学，他从早年开始就接受了先秦诸子、《史记》、《三国演义》、《红楼梦》、桐城派和 20 世纪以来的中国白话文学。甚至，差一点要想去做中文作家，被长辈以难以谋生的理由阻止。

这两大文化背景，各自都有美好的内涵，而且各自也都能通达现代，但是显而易见，由这两大背景铸就的人，一定不是今天的张忠谋先生。张忠谋先生并没有遗弃这两个背景，只让它们成为一种人生积淀而不是生命主干。这便是他年轻时在美国完成的文化转型。

文化转型，要以文化的力量来完成。许多中国留学生熟悉了西方语言，习惯了西方生活，又掌握了专业技能，乍一看好像也完成了文化转型，其实未必，因为他们把持的只是"术"而不是"道"。而术，在任何情况下都不能取代道与道之间的对峙和对话。好像冥冥中有一种力量在摆布，张忠谋先生的三叔高瞻远瞩，替他先选择了一年哈佛，而不是立即进入专业最对应的麻省理工。

他在哈佛的一年，几乎全方位地沉入了西方文明，从荷马、弥尔顿、莎士比亚、海明威、奥斯汀、萧伯纳，读到丘吉尔的"二战"回忆录和历届美国总统的演讲。同时，订阅美国主要报刊、听音乐、看演剧、参观博物馆、参加球赛和舞会、结交美国朋友。如此覆盖辽阔又如饥似渴，当然会影响专业学习的时间和精力，但从生命全程来看，真可以说是"磨刀不误砍柴工"，他从根本上对自己进行了一次重新塑造。

张忠谋先生后来主持全世界最大的半导体产业，回台湾后又开创高科技企业，这种势头确实不是一般的中国留学生所能长久保持的。他喜欢引用海明威的话，把自己在哈佛的获得说成是"可带走的盛宴"，并认为这餐盛宴滋补了他一生，包括他所从事的那些似乎与人文领域关系不大的科技工作，直到今天。

张忠谋先生在自传里的这些叙述，举重若轻地阐述了一个重大文化课题：一个背负传统文化和救亡之梦的中国人虽然也可以做出许多重要事情，但要在 20 世纪末仍然站在科技创新的前沿而影响世界，一定要尽早地实行精神扩充和文化移位。其中，首先是要使东西方文化在互相关照中彼此减压。特别是要为过于沉重的中国文化减压，然后才能因无碍而保持最佳状态。

在这里产生了一个很有意思的现象。张忠谋先生在自传中列举了早年阅读的诸多中国典籍，后来又列举了在美国大学阅读的诸多西方典籍，两类典籍加在一起不仅没有使笔端变得滞重，反而满篇轻盈。原来，当荷马遇到司马迁，当曹雪芹遇到莎士比亚，只会加添愉悦而不是愁苦。

学问如夯土，种种不同质料的填埋只为筑造一个更便于活动的平台，而不是作仓库式的拥塞，稍稍搬放便没有了空间。张忠谋先生虽然不是专治文史，但他由博返约、能进能出的态势，深得治学玄机。

任何一位现代创造者都需要为自己开辟一个空灵境界，而这个空灵又必须是丰厚积淀的结果。我们见过很多无积淀的空灵，也见过很多不空灵的积淀，而很少见到像张忠谋先生这样，一方面被国际同行惊叹为"知识惊人"，另一方面又如荣格所说，站在边缘，面对荒原，深感无知。他如果像我们常见的那些学人，只被一学之僻、半书之专压得步履蹒跚，还会像今天这样处于创造前沿吗？

文化，不管是中国文化还是西方文化，对很多人来说都是创造的坟墓。

好在经过生命的重新塑造，张忠谋先生具备了避开这些大大小小坟墓的自信和力量。他在1954年和1955年两次博士资格考试落第，承受了很大的打击，但只花了一个星期就度过了心理陷阱。他避开了一般中国留学生必然会走的路，即转校再读博士，而是抬起头来自己去找工作。他在自传中有一段话说得很有味道：

> 许多年后，我把在麻省理工博士落第视为我一生的最大幸运，假如我通过考试，我一定会继续读博士，几年以后，也一定会读成。那以后做什么呢？最可能就是去工业界做研究工作，或留学校做教授，总之这会是一条学术研

究之路。以我对工程的平平兴趣，我相信这条路不会走得太远。我也绝对不会进入半导体界，因那时半导体界根本不雇用机械博士。我也不会进入企业管理，因为这也不是博士常走的路。我的人生会完全两样，恐怕也不会在这里写自传了。

一生最大的打击变成了一生最大的幸运，这里划分出了一种重大观念差异。张忠谋先生从这个事件进一步确立了不追慕虚名，不随波逐流的理念，其核心就是两个"性"，那就是自主性和实效性。据我所知，三十年后他出任台湾工业技术研究院院长时大刀阔斧地整治那些永无成效的研究计划，也正是这种实效性的延续。

在现代高科技企业中追求实际成效，当然与创新有关，因此实效理念后面紧跟着的必然是创新理念。没有创新立即就会被淘汰，根本无成效可言。这部自传中有一段描写他曾热情效力的西凡尼亚公司，由于主管半导体部的领导阶层故步自封，终于衰败。张忠谋先生所描述的场景，很有感染力：

我走进庞大而空洞的厂房，举目望见的是有裂痕的墙壁、陈旧的桌椅、过时的设备。每说一句话，就听到在静寂中飘荡的回音。整个气氛使我感到无比地凄凉。我走到从前办公室的地方，隔间早已被重割好几次。重循当年常从办公室到实验室的脚步，当年四周是年轻人的笑声，现在只有如死亡般的寂静。我站在厨房中间，静默了许久。陪我的人似乎知道我的思念，久不出一言。

这段文字有一种十分古老的兴衰诗情，但张忠谋先生确实站在现代的立场上惋叹因保守而造成的不必要衰亡。

时代的步子如高坡滚石，越来越快，时至今日，创新已不再是百年老宅对后辈的些许宽容，而是造成了维系整体生命的唯一缆索。因此，张忠谋先生也把更多的精力挥洒于此。

近日有幸读到他前不久的一份演讲稿，发现他在系统研究国际间主要同行的创新能力。他仔细分析了本来势头很好的日本半导体业现在大大落后于美国同行的原因，一是对创新的奖赏太低，二是对失败的敏感太高。他认为，这种倾向在世界上相当普遍。

张忠谋先生的这些演讲，都属于自传下册的内容，我不便提前多加表述。但忍不住还要说一句，据我见闻所及，他最精彩的演讲是 1999 年 11 月 26 日在成功大学的那一次，讲题是《经济发展与社会理论》。我想那天听演讲的教师和学生都会强烈感受到，站在他们眼前的这位董事长不仅仅是一位杰出的实践家，而且是一位深刻的思考者。知易行难，还是知难行易？我想张忠谋先生作为一个行动者反倒是会偏向于知难行易的，因此他一开口就让理论家们睁大了眼睛。

作为一个成功的企业家，张忠谋先生从者如云、一呼百应，但作为一个思考者，他还是有点孤独。他不会设计温和的语气来表述他的否定，更不会采用称兄道弟的方式来软化他的规矩，因此真如一位记者所说，这位被全社会仰望的男人其实与社会格格不入。"我知道很多人不喜欢我"，这是他真诚的自我判断，却不想有什么改变。

那么，就继续让他在那里不苟言笑吧，这是现代创新者的特权。如果一切都可以从过去得到解释，那还叫什么现代？如果一切都可以从旧书中找到依据，那还叫什么创新？

他口叼着烟斗跨进了那辆黑色的别克轿车，从台北到新竹，或从新竹回台北。到达后有很长时间把自己关在房间里苦思，身边播放的是西方古典音乐。经常听的是贝多芬、勃拉姆斯、马勒，而最喜欢的则是巴赫。他很少应酬，喜欢独处，做的是人仰马翻的热闹事业，过的是云淡风轻的安静生活。他的双眼捕捉着天边任何一丝与本业有关的创新信号，而两耳却天天受到最纯粹的宗教音乐的洗涤。事业、生命、文化，三者之间那么和谐又那么支离，结果便构成一种支离中的和谐，达到多元平衡。

很少应酬的张忠谋先生有一次应酬到了我的身上，这真是我的荣幸。那是好几年前的事了，他领导的企业中有不少朋友读我的书，邀我去演讲，我后来趁某次访台顺便去了一趟新竹，由当时新竹"清华大学"的校长沈君山教授主持。

演讲前就与沈君山校长、张忠谋先生和几位教授共进晚餐。张忠谋先生那天显得有点疲倦，却一直引我说上海话。其实我与沈君山校长倒是真正的同乡，越说越近。我演讲时，张忠谋先生和沈君山先生坐在第一排听得非常仔细。这些年我与沈君山先生还有交往，没再打扰张忠谋先生，却知道他的企业越来越发达，对台湾社会的影响也越来越重大。算起来，今年张忠谋先生已七十高龄，居然还如此精神勃发，真令人钦羡。

他终于写成了一部自传，很多人都想先睹为快，但他手按着书稿又沉思了。沉思的结果是，决定邀请我为他的自传写序。他没有讲理由，但我还是要感谢他的信任。

记得前年他在台湾大学演讲，有学生问他对退休的安排，他说："我会慢慢交棒，跟每天正在发生的事情渐行渐远。"这句话说得颇有视觉诗意。他说退休后很想教书，然后用一句西谚作为结语：老兵不死，只是凋零（Old soldiers never die, they just fade away）。

序白先勇

（1991 年 6 月 3 日）

今年正好是白先勇先生的短篇小说集《台北人》出版整二十年。这部小说已成为整个海外华语文学圈的经典作品。我在国外与各种华语文学读者漫谈的时候，座席间总是很难离得开白先勇这个名字。

但是，也正是在这些漫谈中，我发现各地华语读者对白先勇作品的接受还比较匆忙，对于他所提供的有关当代文学呈现方式的启示还没有充分领悟。

是啊，按照人们长期习惯的社会功利主义的文学观，白先勇并没有在自己的作品中揭露什么触目惊心的深度隐秘，提出什么振聋发聩的社会问题。有时好像是了，但细看之下又并非如此。大家都知道他是国民党高级将领之后，总希望他在作品中传达出某种一鸣惊人的社会政治观念，但他却一径不紧不慢地描写着某种人生意味，精雕细刻，从容不迫。这情景，就像喝惯了好好孬孬割喉烫脸的烈性酒的人突然看到了小小一壶陈年花雕而觉得不够刺激一样。另一方面，世界各地的华语文学界对于西方现代派文学流派并不陌生，一些年轻的作家在大胆引进、勇敢探索的过程中，看到了白先勇的作品也不无疑惑：这么一位出身外文系，去过爱荷华，现又执教美国的作家，怎么并没有沾染多少西方现代文艺流派的时髦气息呢？写实的笔调，古典的意境，地道的民族语言，这与这些年轻作家正在追求的从生命到艺术的大释放相比，不是显得有点拘谨吗？总之，不管哪方面都与白先勇的作品有点隔阂，在那多事的年月也来不及细想，都匆匆赶自己的路去了。磕磕绊绊走了好久，他们中有的人才停下步来，重新又想起了白先勇。

仅从《台北人》来看，我觉得白先勇的作品至少有以下四个方面的特色，很值得当代世界各地的华语作家注意。

直取人生真味

早在去美国之前他试写小说的阶段，创作的主旨已经定下，"不过是生老病死，一些人生基本的永恒现象"①。以后他愈来愈坚定地固守这一创作主旨，因为他发现，从莎士比亚到托尔斯泰，从唐宋诗词到《红楼梦》都是如此。在《台北人》中，他确实始终抓住书名中的这个"人"字，让社交皇后尹雪艳、低级舞女金兆丽、空军遗孀朱青、退役老兵赖鸣升、帮佣工人王雄、老年女仆顺恩嫂、年迈将军朴公、

---

① 《蓦然回首》，尔雅丛书《蓦然回首》第73页。

疯痴的妓女娟娟、小学教师卢先生、落魄教授余嵚磊、将军夫人蓝田玉、退休副官秦义方等一系列形貌各别、栩栩如生的人物形象站在读者眼前。这些人物中有很大一部分牵连着曲折的故事、深刻的含义，但白先勇无可置疑地把人物放在第一位，让他们先活起来，再把他们推入故事，经历事件，能够扣发出什么意义来就是什么意义，一点儿也不勉强。有人曾问他写作小说的程序，他说：

> 多是先有人物。我觉得人物在小说里占非常重要的地位，人物比故事还要重要。就算有好的故事，却没有一个真实的人物，故事再好也没有用。因为人物推动故事，我是先想人物，然后编故事，编故事时，我想主题。……有了故事和主题，便考虑用什么技巧、什么表达方法最有效。[1]

白先勇这段平实的自述深可玩味。他并不拒绝他的人物在成形以后承担应有的使命，但在他们站立之初却不容有太多的杂质干扰他们自足的生命形态。他所固守的，是一种纯净的人物形象成形论。除了不允许故事和主题的超前干扰外，他还明确地划清了小说中人物形象与种种史料性真实的界限。例如有很多读者特别钟情于《台北人》中的《游园惊梦》，猜测白先勇能把这么一群经历坎坷的贵

---

[1] 《与白先勇论小说艺术》，尔雅丛书《蓦然回首》第 139 页。

妇人写得如此细致、美丽动人，一定会有很多真实依据，白先勇在回答这一问题时说："所有的小说都是假的，这是小说的第一个要素。……小说里的真实，就是教人看起来觉得真。"这样，他也就维护了对人物进行独立创造的权利，使他们不是作为历史、政治的脚注①。

白先勇在人物形象的塑造上有一个极为引人注目的特征，那就是把比较深奥的有关人性的命题化解为时空两度。《台北人》中的人物，在时间上几乎都有沉重的今昔之比、年华之叹，在空间上几乎都从大陆迁移而来，隔岸遥想，烟波浩渺。于是，时间上的沧桑感和空间上的漂泊感加在一起，组成了这群台北人的双重人生幅度，悠悠的厚味和深邃的哲思就由此渗发出来。有的作家也能排除"非人"②的干扰而逼视人的命题，却往往陷入一种玄学式的滞塞。白先勇打破了这种滞塞，把人物推入背景开阔的人生长旅，于是全盘皆活。只有在人生长旅中，那些有关人的生命形态的盈缩消长、灵肉搏斗、两性觊觎、善恶互融、客我分离、辈分递嬗，乃至于带有终极性的生死宿命等大题目才会以感性形式呈现得切实、丰富和强烈，让所有的读者都能毫无抵拒地投入品味。白先勇又不轻易地给这种品味以裁判性的引导，不让某种绝对标准来凌驾于"真实的人生"③

---

① 《文学的主题及其表现》，皇冠丛书《明星咖啡馆》第 118 页。
② 《我看高全之的〈当代中国小说评论〉》，尔雅丛书《蓦然回首》第 61 页。
③ 《与白先勇论小说艺术》，尔雅丛书《蓦然回首》第 123 页。

之上，这又进一步保全了人的命题的无限可能性，使文学的人可以与哲学的人对峙并存。《台北人》就是这样，不是用哲学、社会学、政治学的方式，而是用地道的文学方式传达出了那种人生真味。

隐含历史魂魄

由于白先勇极其重视人生的过程，那也就自然而然地和他的人物一起走进了历史的河床。这样一来，人生体验中又融入了历史体验。历史一旦成为有人生体验的历史，也就变得有血有肉有脉息；人生一旦融入历史体验，也就变得浩茫苍凉有厚度。《台北人》中这些篇幅不大的作品之所以一发表就被公认为气度不凡，有大家风貌，是与这种人生体验和历史体验的二位一体分不开的。

白先勇曾经指出，世界有些表现人生体验很出色的佳作，由于展现的幅度不够广袤，如简·奥斯汀的小说，也就无法与真正第一流大师的作品相提并论。[①] 一部作品气魄的大小，既不是看它所表现的事件和人物是否重要，也不是看它切入的角度是否关及历史的枢纽，而是看作者是否有足够的历史悟性。须知，历史知识远不等于历史悟性。有的历史小说言必有据、细致扎实，却没有历史悟性，相反，有的小说只写了现代生活中一些琐屑人物的平凡瞬间，却包含着深沉的历史感悟。

————————

① 《谈小说批评的标准》，尔雅丛书《蓦然回首》第 37 页。

夏志清先生曾经指出："《台北人》甚至可以说是部民国史，因为《梁父吟》中的主角在辛亥革命时就有一度显赫的历史。"[1] 有的评论家还进一步指出《台北人》如何触及了中国近代史上几乎每一个大事件，而且对有些大事件还是十分写实的。我不是很赞同从这样一个角度去阅读一部小说，如果说《台北人》是历史，那也是一部人格化的历史，而不宜以历史学的眼光去精确索隐和还原。记得欧洲启蒙主义大师曾经说过，文学艺术家之所以会看中某个历史材料，是因为这个历史材料比任何虚构都要巧妙和强烈，那又何不向历史老人伸出手来借用一下呢。生在二十世纪中国的白先勇可能没有他们说的这样潇洒，对于辛亥革命以来有些历史事件，白先勇甚至可能会抱有他笔下的赖鸣升（《岁除》）差不多的心情：没有伤痕的人不是能够随便提得"台儿庄"三个字的——白先勇也是以历史伤痕感受者的身份来沉重落笔的。但总的说来，他不是感慨地在写历史，而是以历史来写感慨。

我想引用白先勇的一段自述来说明一种超岁月的历史感悟是如何产生于一位作家心底的。那是他二十五岁那年的圣诞节，初到美国，一个人住在密歇根湖边的小旅馆里。

有一天黄昏，我走到湖边，天上飘着雪，上下苍茫，湖上一片浩瀚，沿岸摩天大楼万家灯火，四周响着耶诞

———————————

① 《白先勇论》，转引自欧阳子《王谢堂前的燕子》第 6 页。

福音，到处都是残年急景。我立在堤岸上，心里突然起了一阵奇异的感动，那种感觉，似悲似喜，是一种天地悠悠之念，顷刻间，混沌的心境竟澄明清澈起来，蓦然回首，二十五岁的那个自己，变成了一团模糊，逐渐消隐。我感到脱胎换骨，骤然间，心里增添了许多岁月。[①]

在这里他并没有提到历史，但这次顿悟使他自身的实际岁月变得模糊，未曾经历过的岁月却增添许多，直至扩充到天地悠悠之间。这便是一个作家的生命向历史的延伸，或者说是单个生命的历史化。从此，他就可以与历史喁喁私语、默然对晤，谈起历史就会像谈起自己的履历，那样亲切又那样痛彻。他甚至可以凭直觉判断历史的行止，哪怕拿不出多少史料证据。我一向非常重视这种顿悟关口，并认为这是真正的作家和文学匠人的重要分水岭。

从《台北人》看，白先勇触摸到的历史魂魄，大致是历史的苍凉感和无常感。他把刘禹锡的《乌衣巷》置于《台北人》卷首："朱雀桥边野草花，乌衣巷口夕阳斜。旧时王谢堂前燕，飞入寻常百姓家。"又把陈子昂的《登幽州台歌》置于他的另一本小说集《纽约客》的卷首："前不见古人，后不见来者，念天地之悠悠，独怆然而涕下。"这两首诗，很可作为他的历史感的代述，也可表明《台北人》的精神幅度远比辛亥革命更为深幽。

---

① 《蓦然回首》，尔雅丛书《蓦然回首》第76—77页。

他曾比较完整地表述过对中国文学和历史感的关系的看法。

> 中国文学的一大特色，是对历代兴亡、感时伤怀的追悼，从屈原的《离骚》到杜甫的《秋兴八首》，其中所表现出人世沧桑的一种苍凉感，正是中国文学最高的境界，也就是《三国演义》中"青山依旧在，几度夕阳红"的历史感，以及《红楼梦·好了歌》中"古今将相在何方，荒冢一堆草没了"的无常感。①

由于他把这种历史感看作是"中国文学最高的境界"，因此他对人生的品味也常常以这种境界作为归结。他的许多小说的设境，常常使人感到历史在此处浓缩，岁月在今夜汇聚。即使不是如此，他小说中的主要人物也大多是背负着历史重担的，尽管也有人故作轻松地否认，但读者都能感受到。

白先勇一般并不对小说中的人物表示愤恨和赞扬，他对他们身上的道德印痕不太在意，而只是聚精会神地注视着他们身上的历史印痕。能这样，确已到达了一个常人所不能及的境界。就我见闻所及，在中国现代文学界，不染指历史题材而具备如此历史感的，无人能出白先勇之右。

---

① 《社会意识与小说艺术》，皇冠丛书《明星咖啡馆》第16页。

契入文化乡愁

白先勇在变幻的历史长流中寻找着恒定，寻找着意义，寻找着价值，终于他明白自己要寻找什么了。简言之，他要寻找逝去已久的传统文化价值，那儿有民族的青春、历史的骄傲、人种的尊严。对一个小说家来说，这一切又组合成凄楚的黄昏，遥远的梦想，殷切的思念，悲怆的祭奠。

他把这一切说成是"文化乡愁"[①]，并解释道：

> 台北我是最熟的——真正熟悉的，你知道，我在这里上学长大的——可是，我不认为台北是我的家，桂林也不是——都不是。也许你不明白，在美国我想家想得厉害。那不是一个具体的"家"，一个房子，一个地方，或任何地方——而是这些地方，所有关于中国的记忆的总和，很难解释的，可是我真想得厉害。[②]

由于受到这种乡愁的神秘控制，《台北人》中的每篇作品几乎都构成了一种充满愁绪的比照。在属于"家乡"的记忆的部位，总是回漾着青春、贞洁、纯净、爱情、奢华、馨香、人性、诚实；而在失

①　《蓦然回首》，尔雅丛书《蓦然回首》第 78 页。
②　尔雅丛书《蓦然回首》第 167—168 页。

落"家乡"的部位，则充斥着衰老、消沉、放荡、污浊、萎败、枯黄、狡诈、荒诞。小说家毕竟是小说家，他把强烈的乡愁不知不觉地隐潜在正反对比中了。他没有把自己的寻找写成一首诗，但读者却能读懂：他失落了一首真正的诗，现正驱赶着这一群各色各样的人物去呼唤。在我看来，这便是他写小说的动力源。

既然他的小说承担着这样宏大的美学命题，因而他就不能不动用象征。有限的场景和人物常常指向着意义大得多的天地，而许多对话和叙述语言也常常包含着弦外之音。于是，当我们接触他笔下那些人物形象时必须当心，他们一定具有某种象征意义，不然就算没有真正读懂。这种象征意义与我们惯常所熟悉的典型意义并不相同。例如我们不能说白先勇写了一个最典型的红舞女尹雪艳，而应该看到这个形象实际上是一种恒定、姣好却又从容地制造着死亡的历史象征体；她是一个能够让漂泊者们勾起乡愁并消解乡愁的对象，但由于她本身并不存在乡愁，所以只不过是扼杀别的乡愁客的麻木者。"天若有情天亦老"，尹雪艳就是"天"的化身，因无情而不老。于是，白先勇也就借着她而抱怨"天"，既抱怨有情而老，又抱怨无情而不老。这一切，就不是任何典型化的理论所能解释的了。

欧阳子女士在《王谢堂前的燕子》一书中曾对《台北人》各篇作品的象征意象做了详尽的研析和索引，用心之细，联想之妙，让人叹为观止。在钦佩之余，我所要补充的意见是，白先勇先生在写作这些小说时未必有意识地埋藏了这些象征，如果真是这样他就无法流畅地写作了。一切都是在潜意识的"黑箱"里完成的，某种程度上有点像做梦，梦有时也经得起解析，但人们并不是先埋藏好了析梦密码再去做梦的。从心理学的意义上说，不自觉的对应比自觉的对应更深刻，因为所谓不自觉，也就是已经进入一般难于进入的本能层。白先勇曾说："我自己并没有意识到什么象征意义，后来听欧阳子一说，我愈想愈对，哈哈。"[1] 由此可见，欧阳子也是了不起的。

总之，浓浓的文化乡愁，就是通过象征的途径渗透到了《台北人》的每篇作品中。宏大的历史感使这种乡愁也气势夺人、含义深厚，因而可称之为世纪性的文化乡愁。

回归艺术本位

最后还需要简略说一说白先勇在艺术技巧上的追求。除了上文已经提到的人物塑造、象征运用等技巧因素外，白先勇的小说还特别注意视角的选择、对话的磨砺、作者干扰的排除、戏剧性场景的营造。全部走向，是为了使小说也成为精致的艺术品。

像许多杰出的小说家一样，白先勇坚信怎么表现甚至比表现什么还要重要。他说，有人把情感的诚恳当作衡量作品的最高标准，其实天底下大多数人都有诚恳的情感，作家与他们不同的是有一种高能力、高技巧的表现方法。[2]

---

[1] 《白先勇与青年朋友谈小说》，皇冠丛书《明星咖啡馆》第 269 页。
[2] 《与白先勇论小说艺术》，尔雅丛书《蓦然回首》第 151—152 页。

作为一种有力的印证，白先勇的小说确实在技巧上匠心独具。例如他非常重视的叙述视角（他一般称之为观点，Point of View），《台北人》就做了一系列丰富性和准确性的实验。他总是设法借用一个最合适的旁观者的眼睛来观察事态，然后又用这个人的口气叙述出来。有时这个旁观者又兼当事人，有时旁观者变得虚化，出现了全方位视角（全知观点），但这个视角仍然带有借代性。而且，这个不知身份的叙述者还有自己独特的性情和评判方式，在一篇小说之内又常常转换方位，显得灵巧而透彻。这种技巧看起来事小，实际上却是对中国现代小说所习惯的那种单一的主观形态或单一的客观形态的摆脱。此着一活，全盘就有了生气勃勃的多种变换的可能性。难怪白先勇一再把这个问题放在技巧问题的首位。

白先勇另一个用心良苦的技巧课题是语言。《台北人》中的人物，身份各异、方言各别，但令人惊奇的是白先勇在对他们语言的设定上总是那么真实和贴切，既可高雅到够分，也可下俗到骇人，而且运用几种方言也得心应手。在语言上，他一方面得力于优秀传统文学的陶冶而谙悉中国式的语气节奏和特殊表现力，另一方面又得力于日常口语而增添了表达的丰富性和生动性，但最终他的语言法典只有一条："写对话绝对是真实生活里面的话。"① 在这方面，他一再反对作者本身的干扰，更厌恶那种拉腔拉调的所谓"新文艺腔"。以对话为枢纽，他要求作品的整个语言系统都走向细致和扎实。这一

---

① 《与白先勇论小说艺术》，尔雅丛书《蓦然回首》第143页。

些主张和实践，使白先勇在写实的领域身手不凡。但如前所述，他又有鲜明的象征倾向，因而就达到了写实和象征相得益彰的佳境。

他力求让写实和象征的并存关系在特定的场景中获得融化和消解，主张营造一个个充满情调和气氛的关键性情景。明眼人一看便知，这是在中国传统文艺的"意境"中融入了西方现代文艺中的长处。由于以上种种追求，他的作品也就自然而然地抵达了一种诗的境界。他是中国现代文学史上为数不多的诗化小说家，哪怕只是在写那种俚俗社会毫无诗意可言的生活和人物，也会因象征背后所蕴藏着的历史感悟、人生沧桑、文化乡愁而构成一种苍凉的诗境。

我在叙述白先勇小说艺术各个方面的时候，故意避开了一个他本人从不肯放弃的话题：《红楼梦》。他在小说艺术上的种种追求，总会不由自主地与《红楼梦》对应起来。有时，甚至以《红楼梦》作为出发点，又以《红楼梦》作为归结。无论是从他的主张还是从他的小说实践看，《红楼梦》确实对他产生着一种疏而不漏的强大控制力。这当然不能仅仅看成是他对某部古典名著的偏爱。文学是永恒的事业，文学史上升起过为数不多的永恒星座。尽管文学现象日新月异，但文学领域里一些最重要、最根本的问题，这些作品都已做了终极性的回答。因此，不管是哪个时代的文学继承者，都应该成为这些永恒星座的忠诚卫护者和仰望者。

因此，最后我还必须补充一句：白先勇这位现代作家的精神行箧中一直放着一部《红楼梦》，而且永远不会丢失。

序连方瑀

（2005 年 8 月 5 日）

连战先生的夫人方瑀女士写了一本访问大陆的书，指明要我写序言。出版这本书的高希均教授笑着追问她为什么选我，她神秘地说："经一些高人指点。"

哪些高人？猜不出来。但我知道高教授为什么追问她，因为高教授很清楚我这个人历来远离政治，不会做这方面的评论。

我远离政治，是为了维护自己在文化立场上的独立和纯粹。在过去很长时间内，海峡两岸，政治比什么都大，因此，"不问政治"成了一种冒险的节操；现在，愈来愈多的人开始明白，政治领域只有很小的一部分事件，够得上文化评述。

由连战先生起头的台湾政治领袖访问大陆，便是极少数具有文化评述价值的政治事件。

为什么这样说呢？因为国共两党的血火争斗早已超出政治范围，成为中华文化在现代的严峻话语。仅从大陆这方面来说，老兵老将犹在，遗孀遗孤犹在，战场陈迹犹在，课本记述犹在，即便是波及千家万户的"文化大革命"，当时的定义也是"共产党和国民党斗争的继续"。这种笼罩处处的敌对情绪，凝冻成了几代人的人文认知，虽然自改革开放以来已经大有缓解，但一直没有一个关键仪式。如果说，今天的这个仪式还只是一个开场，那么，当这个仪式被全国所有的电视台直播，十几亿人看了之后居然都心情平静，这样惊人的事实就不能不说是一个重大的文化现象了。

再说得远一点，国共争斗，其实又是悠久的中国文化在十九世纪中后期开始因迫于外力而试图自我突破的结果，因此今天这个仪式的文化意义，更不可小看。

那天夜晚，正是连战先生一行还在黄浦江上游览的时候，几位台湾友人约我和妻子在江边的一个楼顶喝咖啡。天下过雨，有点凉，我当时已看了几天来台湾媒体上一些习惯性的政治褒贬，便说："多么想告诉我众多的台湾朋友，不管眼前这个事件的起因如何，它实际上已经触动了多数中国人日趋健康的集体文化心理。把它再打回到政治权谋的小格局里是轻而易举的，因为这种集体文化心理还比较脆弱，但我希望不是这样。"

我所说的这种集体文化心理，在内容上，是指那么多大陆民众不约而同地获得了有关昨天和明天、有关仇恨和和解、有关民族和世界的某种共识；在形式上，是指大家不再敏感于陈旧的概念、界限和防范，反而乐呵呵地关注起彼此交往时最最寻常的一切，包括表情、声调和仪态。这种改变，似小实大，都属于文化。

因此，说实话，听到有些台湾朋友在媒体上反复评论连战先生在北京大学演讲时讲到了什么主义是多么重要、没讲到什么概念是多么遗憾时，我不禁哑然失笑，因为这实在是有点小看大陆民众的人文素养了，更小看北大了。

今天人们注意的，是一个政治人物的学者风度，以及超乎预期的轻松和幽默。大家本来就是因为不再敏感于陈旧的概念才会有这次仪式的，又怎能回到概念堆里来解读呢？

连战先生这次最大的成功，是让为数众多的中国人听顺耳了，看顺眼了。这很难，历来很少有人能做到。而且，这也是化解政治问题或别的问题的感性基础。在这方面，感性既是理性的入口，也是理性的归巢。

另一个被大家看顺眼了的，就是站在他身边的方瑀女士。尽管她一再自称"不懂政治"，大家远远看去也愿意相信她确实不怎么懂。由此进一步证明，顺耳顺眼，与政治标记关系不大。对绝大多数今天的大陆观众来说，突然觉得听不顺耳的，反倒是某个欢迎仪式上小学生们的朗诵表演，因为编排得矫情，离开了常态。由此可见，今天生态文化的着眼点已普遍转移。

方瑀女士的这本书，提供了一个置身政治仪式中心而又不太懂政治的妻子的独特目光。书中写得有趣的部位，是那些与政治若即若离的寻常生活细节，例如在短短几天时间里准备服装的苦恼，每次餐饮的具体状况，远远看见一个酷似母亲的白发长者便上前抱住叫"舅舅"的场面，尤其是几处写到在北京与某位年长女士交谈、吃饭，联想到自己年轻时的婆婆的情景，都相当生动。

方瑀女士读过很多书，也能写散文。她常常能从寻常的旅途叙述中拔身而出，联想到有关的历史和诗文。本书最后一篇文章写到某个夜晚去上海一家餐厅用餐，得知那里原是白先勇先生家的住宅，而白先勇先生的父亲又是国民党的高级将领，她走神了：

> 看着窗外的梧桐树，摇曳的荫影下，我似乎看到了永远的尹雪艳，穿着月白色的丝缎旗袍，梳着发髻，袅袅婷婷在四周徘徊。

这又由政治跳入了文化，而且是由生态文化跳入了文本文化，让人一喜。

政治纷争当然也有是非曲直，最终裁判和消解的，是广大民众的生活方式即生态文化。是的，几十年的剑戟铿锵早已变成了梧桐树下的杯盘叮当，啜饮一口扭头看窗，永远袅袅婷婷徘徊在人们四周的，总是文化。

也许，这也正是那些"高人"建议由一个文化人来为这本书写序的理由？

那就写这些吧，方瑀女士。

序《中国历代经典宝库》

（2012 年 12 月 7 日）

我的书房里，书籍更替的频率很高，但有一套书一直安安静静地放着。这套书分量不小，长长一排多达六十多册，书脊为青蓝色，封面的底色为象牙色。这套书的总名叫《中国历代经典宝库》，每册分别是一种重要经典。书的初版日期是一九八一年一月一日，《台湾时报》出版公司出品，一算，已经三十多年了。

时报出版公司出过我的不少书，因此很熟。有一次，我对莫昭平社长说，希望能邮寄这一套书给我，我自己买了背回来就太重了。莫社长说："这是给青少年读的，您也要？"我说："我也要。"于是，两箱子书很快就寄来了。

我关注这套书，是因为它对于中华文化与当代世界的关系问题，做出了令人愉悦的回答。而这个问题，在很多学者那里，却总是处理得那么片面，那么极端，那么艰涩，那么纠缠不清。

我想从以下三个方面谈谈这套书的优点。

第一，这套书，展现了中华文化的整体度量。

凡是把中华文化搞复杂的，绝大多数是陷于一隅一角，守一家，偏一学，张一经，析一谋，而无视其余，或不知流转。结果，硬筑壁垒，徒生龃龉。很多人认为，青少年没有时间和能力领略整体，只能让他们背一点古训，唱一些古诗。其实这是一条歧路，既把中华文化削薄了，又把青少年做小了。这就像我们领着学生看长城、游黄山，必须先让他们俯瞰整体，惊叹天地大美，而不是立即让他们埋头去玩弄一砖一石、一花一鸟。眼前这套书，把中华文化的主要典籍，不管是哲学、历史、诗歌、小说、散文，还是科技、宗教、杂学，都一一收录，可谓洋洋大观。不难想象，当青少年读者得到这套书，在还没有细读之前，光看书目就已领悟到中华文化的整体度量、浩荡规模。这种领悟，既开拓了他们的文化认识，又鼓励了他们的文化选择，在人生的起始阶段至关重要。

其实这套书的开阔胸襟、坦然情怀，也正是中华文化的第一品性，与数千年历史相关，与五湖四海相关。如果不知这种第一品性，也就失去了根本。

第二，这套书，揭示了中华文化的人生质感。

好端端的中华文化为什么总是变得令人却步，甚至令人厌烦？其中一个原因，就是不少浅尝辄止的文化人总喜欢把我们的古人塑造成深奥无比的玄学家、道学家。好像我们的祖先只会板着脸在居高临下地教训人，不容商量，不容讨论，没有性格，没有脾气，不准顽皮，不准游戏。但是，眼前这套书却让我们看到了一种浅显、通俗、生动的中华文化。当然也有哲理，但那些哲理又显得自由和多元，任凭选择和评判。这样的文化，也容易让大家了解真正的"中国人"是什么样的。

我在为北京大学的学生讲授《中华文化史》时曾说："从古到今，中国民众对于抽象学理缺少消费欲望。""根子上的农耕文明使中国民众很难信奉一切离开脚下大地太远、离开直觉经验太远的东西。躲避灌输，不喜喂食，有可能是生命的一种自救。天下长寿之人大多简食薄饮。中华老矣，回首渺茫生平，得寿的原因之一，是不很喜欢精神文化上的浓脂厚味、巍楼巨厦。"

我的这段话，大体说明了我不赞成那种过于学术化、滥情化的中国文化表述，而赞成这套书的原因。我为什么特别要对北大学生说明？因为对年轻人来说，更应该尽早解除那种貌似深沉的误会。这种误会，目前在很多高校里都很流行，不少教授把自己那些取材狭窄的论文当作了课堂讲述内容，而越是浮薄的社会气氛又越容易把晦涩当作学问。于是，中华文化好好一个可爱的大结构，被裁割成了可厌的小条块。

第三，这套书，测试了中华文化的时间张力。

我所谓的"时间张力"，也可以称为"跨时代的延伸度"。这个问题，是一切古老大文明都遇到过的。事实证明，比中华文化更年老的巴比伦文化、埃及文化、摩亨佐－达罗文化、克里特文化等都缺少足够的时间张力来构成与现代的对话。古希腊、古罗马文化倒是实现过一次与几百年后的跨越性对话，并由此开创了欧洲的文艺复兴。中华文化延续至今而未曾中断，而它是否能与现代进行畅达的对话？

从近代以来，这种对话已经开始，但进行得非常艰难，很少成功。具有传统文化修养的章太炎、王国维、陈寅恪等学者都投入了，但章太炎、王国维在晚年都删削了自己有关现代的很多论述，陈寅恪则由于社会变迁和身体障碍也无法继续推进。其他被后人誉为"国学大师"的诸位学人，在这种对话中基本上停留在一些介绍性、引进性的文化枝节，于社会民众基本无感。这一点，只要与欧洲从宗教改革到启蒙运动数百年间知识分子在一切公共空间中的巨大作用相比，即可明了。我曾一再论述，中国知识分子在这一对话中真正做成的两件事是破读了甲骨文、推广了白话文。其他事端，则离文化本体太远。

眼前这套书，虽然浅显，却以白话文裹卷着现代思维的常识，愉快地拜访了传统文化，有一种新鲜感。例如，它为一本本古代经典分别取了一个个现代标题，这也是它当年首先吸引我的地方。它为《论语》取的标题是《中国人的圣书》，为《孟子》取的标题是《儒者的良心》，为《老子》取的标题是《生命的大智慧》，为《庄子》取的标题是《哲学的天籁》，为《墨子》取的标题是《救世的苦行者》……这一些，对诸子百家而言，都相当贴切。

这些标题，是现代开启古代的钥匙，表现了编写者的今日情怀。我感兴趣的还有以下这些标题：

《泽畔的悲歌》（《楚辞》）；

《帝王的镜子》（《资治通鉴》）；

《一位父亲的叮咛》（《颜氏家训》）；

《汉代财经大辩论》（《盐铁论》）；

《瓜棚下的怪诞》（《聊斋志异》）；

《文学的御花园》（《文选》）；

《袈裟里的故事》（《高僧传》）；

《净土上的烽烟》（《洛阳伽蓝记》）

……

仅举这些例子，大家也许已经能够感受到白话文的特殊魅力。在这些白话标题背后，我们可以想象孩子们惊喜的眼神。本来，他们的眼睛也许早已因那些太古老、太自守的书名而黯淡。

如果让古代仍然蜷缩在古代，或者封存在一个可以营造的"伪古代"中，那么，对话就停止了，张力就消失了，延伸就中断了。从这个意义上说，我认为，为青少年阐述古代经典，并不是大人对小孩的恩惠，而恰恰是大人一种脱胎换骨的转型，而这种转型，有可能带来古老文明的整体转型。这就怪不得，在欧洲，一直有现代学术权威不惜放下身段来做"经典新写"的事情。

说了以上三个优点，这套书还给了我一种特别的"暗喜"。那就是，目前中国大陆传媒间掀起了一种低层次的"民国文化"崇拜，把兵荒马乱的民国时期某种初步的西学引进和临时的文教努力当作了至高无上的楷模，在国际学术界闹了大笑话。闹这种笑话完全是出于愚昧无知，因此很难醒得过来，还以为自己窃得了什么珍稀衣钵。好了，这套书的编写者，恰恰是几十年前台湾学术界的一些代表人物，多数是从大陆过去的，是"民国文化"的直接继承者，应该最有资格评判"民国文化"了。但是，就连他们自己也承认："民国以来，也有过整理国故的呼吁、读经运动的畅行。""遗憾的是，时代的变动太大，现实的条件也差，少数提倡者的陈义过高，拙于宣导，使得历代经典的再生和它的大众化离了题、触了礁。"

那么，这套书也可以提醒大陆的读者，不要把民国以来的"文化触礁"继续夸张为"波澜壮阔的文化碰撞"。不，触礁就是触礁，那种"波澜壮阔"并不一定是一件好事。新的航程，需要重新谋划，重新开启。

除了承认"触礁"的诚恳外，这套书的编写者还表现出了另一种诚恳，那就是肯定"这套书必然仍有不少缺点，不少无可避免的偏差或遗误"。为什么"必然"和"无可避免"？因为工程太大，经典太多，时间太远，而当代文化思维的变化又实在太快。

为了写这篇序言，我认真翻阅了这套书中的部分内容，发觉其中的主要缺点并不是"偏差或遗误"，而是功力。什么功力？那就是横跨古代文化和现代文化的思维功力和表达功力。依我看，这套书的编写者们对古典的讲解能力不错，但在古典和现代之间的共通内涵挖掘上，还缺少足够的深度。而现代文字的表达，也没有达到更高的水准。这就需要新一代的学人和作家来继续做这件事，因为这套书毕竟编写于三十多年前，已立草创之功，已开风气之先。

在这个问题上，我对大陆学人抱有更大的希望。大陆由于政治运动，曾经中断过对古典文化的亲近，但毕竟那是很早以前的事了。大陆在文化体量上的宏大气势，在风雨岁月中的深刻体验，在历史转型中的国际认知，有可能产生对中华文化更透彻的感悟。而且，由于人才的绝对数量十分惊人，那种能够融汇古今的文字杰作也容易期待。

那么，这套书，又成了一种殷切的期待和呼唤。

是为推荐。

三　接受专访

陈文茜的专访

（2005 年 2 月 16 日）

陈文茜：

我以非常高兴的心情，欢迎一位贵宾的到访。

他是当代华文写作者中最著名，也可能成为最有影响力的作家。他的才情，他对历史的理解，他在时代悲剧中对中国文化和世界文化的钻研，全都变成了一种特殊的人生智慧，体现在他的一本本书中。他，就是余秋雨先生。

余先生，在你来到之前，人们早就认识你的文字。你的才子型的写作，会在社会引起那么大的共鸣，这在台湾这样一个文字没落的地方已经很罕见了。

大家知道，现在台湾和大陆的关系比较复杂，但两方面继承了一种共同的文化。比方读你的书，对台湾读者来说，好像是故乡的回忆，那么熟悉，但又好像不是。然而无论如何，你的书里有一种能够激起人们澎湃感情的共同的文化语言和文化记忆。在这方面，你与台湾的读者完全没有距离。只是人们不常看到你，知道你并不居住在这个岛上。

我想知道，你与台湾读者沟通的时候，有没有遇到一些困难？

余秋雨：

几乎没有。

原因是，我写的文章，不是生活随感，或时事评论，不需要读者过于贴近。我始终在写一种大文化，这就像在指点一座大山，看它在云里雾里的千姿百态，如果一头钻在山坡上反而不识它的真面目了。过于贴近必陷琐碎，反而割裂了我在呼唤的宏大。

因此，有一定距离的读者，是最理想的读者。

即便置身大陆，我对中国文化，也主张要拉开距离来看，才看得明白。记得二十几年前，灾难刚过，我周围的很多朋友都在兴奋地握笔评述着眼前的是是非非、喜怒哀乐，我却选择了读古书、找废墟的寂寞之路。古书和废墟都与我们有很大的距离，我正是在这种距离中产生了对中华文化无以言表的恭敬和忧伤。这种恭敬和忧伤，是我身边的热闹世界所难以理解的，却被远方的华语读者完全接受，这就是距离所产生的力量。

后来，我身边的热闹渐渐消退，不少大陆读者也开始发现我的目光。

陈文茜：

我在你的文字里，还阅读到了只有在灾难中才会产生的人生感受。例如你写到苏东坡、柳宗元这些人，本来是想走一条仕途的，后来却因为被贬流放，反而拥有了一种全新的文人情怀。在这个部分，我想听听你的人生体会。

余秋雨：

在官本位的时代，一个聪明的文化人要拒绝仕途是很困难的。屈原、司马迁、柳宗元、苏东坡都是有极高智慧的人，他们原想把官位和文采集于一身，两全其美，但事实证明，只有当他们在仕途上完全走不通的时候，才成就了一种纯净而完整的文人情怀。这可以称为"绝境升华"。

现代生活中很少遇到绝境，因此也很少看到升华。

我倒是遇到过真正的绝境。我十九岁遭遇"文革"灾难时，似乎失去了一切前途，而且更严重的是，对周围每一个领域的虚假面目都"看穿"了。一开始我多么希望，眼前的灾难是少数恶人强加给多数善良人的，后来发现事实并不是这样。

这就使我在精神上陷入了真正的绝境，它很可能毁灭我，但也有一丝可能让我在彻底的空寂中开始精神重建。这就像漫天的激浪可以吞没很多人，也有可能把一二个赤条条的生命冲刷得非常干净。在这种状态下接触中外典籍，与大学课堂上完全不一样，似乎每一次都是等待已久的灵魂大发现，毫无杂质和障碍。

我由此想到了司马迁在宫刑之后、屈原在汨罗江畔、柳宗元在永州、苏东坡在黄州的心境。一般的文学写作，当然可以与功名权威并行不悖，但是，特殊的文学写作一定产生于"绝境归来"——
这是我一篇文章的题目。

陈文茜：

你在研究中国历史时，对康熙、雍正、乾隆时代的文字狱着墨
甚多。中国文化，因禁锢而自残。是不是你觉得文人心灵的禁锢，
始终是中国历史的一个大问题？

余秋雨：

历史上，很多中国文人在心灵上的问题，比人们想象的更严重。
他们不是禁锢着自己，而是竭力试图禁锢别人，结果造成了互相禁
锢的"铁枷连环阵"。

下令实行文字狱的是统治者，但是使这些案件得以成立的，却
是一群群以揭发者、索隐者、告密者、批判者身份出现的文人。因此，
中国古代文人的禁锢并不表现为闭目塞听、墨守成规，而是表现为
画地为牢、互相厮杀。

统治者实行文字狱是为了保权，文人们推动文字狱是为了整人。
一开始统治者并没有具体的整治对象，文人们却把一批批对象找出来
了，而且帮助统治者分析这些对象应该被整治的种种理由。这样的文
人，在数量上非常庞大，庞大到比受害者还多出许多。再加上他们周
围更多幸灾乐祸、袖手旁观的文人，受害者总是处于极孤立的状态。
整人，在中国文化界已成为一种显赫的"专业"。你所说的"因禁锢

而自残"的负面传统，就是这么延续的。

陈文茜：

我很好奇的是，很多人应该都有一种由大量记忆和感情组成的"文化心灵"，但更多的人却不在乎，热热闹闹地去诠释一套新的社会话语了。因此这种有"文化心灵"的人常常不能见容于当代。

从你的文字里看到，你是不肯放弃记忆、感情和文化心灵的。我想问，在过往的记忆和现实的感受中，你有没有形成一个可以跨越历史的原则，来面对不同时代的纷扰？

余秋雨：

历史的表述日新月异，蕴藏的内涵却前后连贯，就靠着"文化心灵"静静守护。人们如果放弃记忆，那就会失去心灵的底线，连大善大恶都分不清了。

你说得对，每个时期都有热热闹闹的当下话题。从台湾媒体看，这种当下话题三五天内就会转换一下，每个话题都会伸发出千言万语，各方都在讲述着是是非非，很快又都烟消云散。

但是，我的灾难记忆告诉我，是是非非有终极的衡量。我在"文革"灾难结束后读到过一个古人的话，如醍醐灌顶。这个古人说："世有百恶，恶中之恶，为毁人也。"这就是一个最简单、最明确的是非标准。

我曾经用自己的一段话来表述这个原则：在灾难中参与过整人而

在灾难后却不再整人的人，大体上是个好人；在灾难中做过很多错事却从来没有整过人的人，是个大好人；在灾难中发动过整人而在灾难后仍以各种名义在整人的人，肯定是个坏人；在灾难之后以清查灾难的名义在整人的，是顶级的坏人。

在今天，不同的政治立场、社会观念、文化主张都可以不断辩论，但要避免毁人、整人。在中国大陆，很多"文化评论"从来不触及文化，只攻击人格，这就在冲撞"恶中之恶"的边界了。我不知道台湾是不是也有这种情景？在台湾的媒体，也经常看到挑动族群对立的言论，其中包含着不少整人的腔调和表情。

陈文茜：

你说到了台湾，我却想起了你那篇《一个王朝的背影》，感触很深。你写到了从康熙到乾隆是中国历史由强变弱的一个转折，我最近在凤凰卫视做的一期节目中也提到了这个过程。现在我最感兴趣的是，这几个皇帝如何处理满汉问题。现在台湾不少人在政治认知上分割了"外来政权"和"本土族群"，然后把台湾和大陆切成两块。这样，就产生了如何看待中华民族和中国文化的问题。对此你能谈点看法吗？

余秋雨：

康熙、雍正、乾隆等清朝皇帝，在处理满、汉之间的族群对立上，心情和方法都不一样。相比之下，康熙比较聪明，但有点刻意；雍正比较直拙，显出某种委屈；乾隆觉得自己已经稳稳地坐上了"满汉全席"，用文字狱对付汉族知识分子特别凶狠。但是，就在这种红脸、白脸的交替权术中，外部世界发生了极大的变化，国运已岌岌可危。乾隆似乎很享受自己责令汉族知识分子纪晓岚等人编纂汉文化的总集《四库全书》这件事，但他不知道，他所操弄的汉文化和满文化都成了"向后看"的文化。《四库全书》刚编成不久，英国使团马戛尔尼来访，乾隆和他的朝臣就表现出一种全方位的昏庸、保守、自傲和愚昧，最后，在他死后几十年，由鸦片战争做了总结。

由此可见，族群分裂最容易蒙蔽人们的眼睛，使大家看不到在这种被夸大的裂痕之外，世界在天天发生变化，兴衰在时时移动方位。最后的恶果都是整体性的，谁都要承受，并不切割。

至于在文化观念上，故意夸大对立更没有道理。文化是一个多元的世界，每个人都有选择文化身份的自由。只有刻意的炒作，才会把文化推向整块性的对立。

大而言之，身在现代，中华文化能与欧洲文化构成整体性对立吗？完全不可能。就我个人而言，也算与中华文化相融相依了吧？但我作为人生思维的逻辑起点却来自希腊的几何学，作为自身专业的美学起点却来自德国的黑格尔和康德。那么，我心中的李白、杜甫、苏东坡，遇到我心中的欧几里得、黑格尔、康德会怎么样呢？是时时打斗，还是因差异而互相欣喜？显然，他们两方面，构不成压迫和被压迫的关系，而是一种共生互补。

因此，无论是对于台湾内部的不同文化，还是对于台湾和大陆之间的不同文化，或是对于东方和西方之间的不同文化，我们都要用南非大主教图图说过的一句话来对待："我们为差异而欣喜（Delight in our differences）。"

请注意，不是我们常讲的宽容差异、原谅差异，而是欣喜差异、享受差异、离不开差异，因此千方百计地渴求差异。

陈文茜：

你刚刚讲了一句非常重要的话："我们为差异而欣喜。"所以你是鼓励台湾朝多元文化的方向发展的。

余秋雨：

对。去年我应邀参加联合国《2004 年人类发展报告》的讨论，与会的各国代表都赞成把图图大主教的这句话当作一个结论，来反驳亨廷顿的文明冲突论。

文化的多元不是目的，目的是给人们以选择的自由，包括选择文化身份的自由。任何文化都没有理由夸张自身的优越性，也没有理由夸张别种文化的威胁性，因为这两种夸张都是在剥夺别种文化的传播权和生存权。说到底，也就是在剥夺人们的选择权。

只有满怀欣喜地享受多元，小心翼翼地提防对立，我们才能把握文化极有魅力的整体生命。只有这样，我们的故乡，才不会成为伤害别人故乡的坐标；我们的历史，才不会成为否定别人历史的武器。我们把所有人的故乡和历史融会贯通，进入没有疆界的人类精神天域，与各种不同的族群一起，共创人间大美。

陈文茜：

我们的内心都有故乡，我们的脚下都有历史，但当它们落到了余秋雨的笔下，就出现了完全不同的境界。余老师的书，不管在台湾，还是在所有的华文世界，都能在很短的时间内引发广大的阅读量。你的文字魅力，你对历史的体会，你对人类精神领域的感想，全都汇整起来，变成一种具有高度美学形态的旅行文学。空间对你是没有疆域的，时间对你也是没有疆域的，你却在《千年一叹》、《行者无疆》中把没有疆域的一切变成了声声叹息，这是一种非常特别的情境。

你从中国的古老文明开始，到世界上其他的古老文明，边走边想，一共已经有多少年了？

余秋雨：

十五年吧。如果把以前零敲碎打的加在一起，当然不止十五年。

为什么拖这么长？因为考察了中华文明的古迹之后，就想看看与它同时代而又很少谋面的共生者，于是我为自己的远行设计了一个借口："祖先托我来拜访。"没想到这么美丽的借口换来的是一片恐怖景象。在中东到南亚的惊魂未定中，我突然对中华文明产生了更多的好感。但是，我又对这种好感保持警惕，因此继续走了九十六座欧洲城市做对比，试图更全面地找出中华文明的长处和短处。下一程总是上一程的逻辑延伸，因此脚步停不下来。

陈文茜：

你的祖先，人类各大文明的祖先，借你的眼睛，借你的诗情，借你的文笔，把那些古老的、现代的、痛苦的、欣慰的、可以躲藏的、可以掩盖的种种内涵，一一展现出来。广大读者也借着你，开始领悟了，或开始出发了。

蔡康永的专访

（2005 年 2 月 25 日）

蔡康永：

在很多爱看书的人的心目中，"余秋雨"是一个传奇的名字。

这个名字如果推出新的著作，对爱余秋雨的读者来说是一个莫大的安慰。因为他们又可以看到让自己放心的一个文化上重要品牌所发表的见解。

像我现在手上拿着的《借我一生》，就是这样的一本书。这本书写了余先生人生过程中的一些重要段落，在一个很不安静的环境里，毫不顾忌地从容写来，写得那么细致、诚恳。

请问余先生，您在写这本书的时候，有没有参考过其他伟大作家的自传？

余秋雨：

倒是没有参考过。

我在文学写作上有一个习惯：平时看书很杂，但要动手写散文，就不看别人的散文了；要动手写回忆，就不看别人的回忆了；要动手写剧本，就不看别人的剧本了；要动手写诗歌，就不看别人的诗歌了。

文学是一种个人心灵的探寻，而不是一种外在的"行当"。因此，不应该存在"同行互窥"。真正的文学写作者不可能产生"文人相轻"的现象，因为他们很少知道其他文人在做什么。他们自己在山间独居，在湖畔漫步，在斗室深思，而不会成天去翻阅文学书籍和文学杂志——那是文学爱好者们做的事。我当然也读过很多优秀的文学作品，但在自己开始写作后就很少再读了。与文学界的好朋友见面，几乎没有谈起过彼此的作品。对我来说也谈不出来，因为确实没有看过。我只因他们是好人，够朋友，才交往。

至于在表现形式和艺术技巧上的借鉴，主要完成于文学写作的准备期，而不是实施期。准备期的积累，是整体性的；实施期的借鉴很冒险，因为那样可能受到局部牵引，导致自身格局的变形。

我拒绝在文学写作时东张西望，更重要的原因是拒绝在思维和感觉上的趋同化。人很容易受到传染，尤其是受到那些成功作品的传染。但是，一个人哪怕是被成功的作品剥夺了自我，也是悲剧。

我写记忆文学，是想在集体话语、官方话语、重大话语的环境里争得个人记忆的权利。个人记忆的权利，必须从结构到细节都悉心维护，但个人的边界总是脆弱的，因此更要提防异己文本的骚扰，即便是伟大的文本。我认为，它们正因为伟大，就更容易构成一种文化强权，那就更需要防范。

在文学上，我们固然不能做恶劣文本的奴隶，却也不能做伟大文本的奴隶。任何个体生命在文学上都是可以无限深入的，因此都是平等的。

蔡康永：

余先生的这本记忆文学，确实是别人的作品无法取代的。

一是中国社会在政治上波动很大，却很少有人拥有您这样的思想文化上的重大经历；二是即使有过这样的经历，也不会像您这样在走向高峰时突然离开，返回平地，选择做一个彻底的自由人；三是即使离开了也不见得有胆识来思考过去和未来、中国和世界；四是即使思考了也未必有这样的才情和文笔表现出来。

我要问的是：这样一本书，为什么等到现在才写？

余秋雨：

一股水流蓄势已久，但是它要奔泻而出，还需要最后一个触因。例如，一块石头的挪动。

父亲的去世，以及我和弟弟在他每天紧锁的抽屉里发现了那一堆文稿和字条，就是这个触因。石头挪动了，闸门打开了。

对文学来说，这也成了一个自然的结构要素，既是起点，又是终点。在文学中，结构比其他因素都重要，尽管它常常是隐匿的。父亲的去世给了整个回忆一个结构，提挈一点，牵动全局，并由此构成统一。美国作家劳逊提出过"从高潮看统一"的观点，很有见地。

父亲的去世既是形式上的高潮，也是思想上的高潮。我由父亲留下的那些字条产生巨大震动，发现我以前引以为傲的许多理由很值得怀疑。

我以前一直很满意自己在"文革"中不与造反派同流合污的清高，但我现在看到，当时被关押在隔离室的父亲，为了全家的生计，居然向造反派写了一张张借条。他考虑的全家生计中，包括了我，而我当时并没有被关押，如果要想求得造反派照顾我家，机会比父亲多得多。父亲低声下气地求借，却没有借到，而我却自以为保持了什么人格原则，坚决不做父亲想做而做不到的事。其实，我在当时保持的人格原则是什么内容呢？细细回忆，一半空洞，一半错误，哪里比得上父亲在无望的羁押中为救助家人所做的努力！如此一想，我对以前的人生观念产生了重新认识，并深深向父亲忏悔。

这一点，也足以从思想上把种种回忆统缩起来。否则，种种回忆再精彩也缺少大结构，成为一堆散锦碎缀。

与小说不同的是，记忆文学的内容是一种自然存在，我只是发现、捕捉、汰洗、重组了它们，而不是出于虚构的设计。有时，虚构的设计还比不过自然的存在。

蔡康永：

在您看到父亲留下的借条之前，一直没有设想过当初不妨放低身段，让家人的日子好过一点？

余秋雨：

没有。

这在今天想来简直不可思议，却是我长久以来的一种固守。写这本书的时候我一直在想，是什么原因使我陷于这种误区？大概，一是因为偏执地理解了古代书生的"气节操守"，居然把亲人的温饱生计置之度外；二是把一场从天而降的大灾难的责任推到了造反派的身上，把他们妖魔化了。因此，觉得自己在"文革"中不与他们交往是正确的。父亲可能也受了这种舆论的一点影响，否则为什么一直把那些借条紧锁密闭，直到生命的终了？但他在行动上却冲破了这种禁锢。

我现在用这本书表明，不管在任何情况下，普通民众的生存权利都是至高标准，而上层的派系斗争却是微不足道的。上层派系斗争严重地祸害了普通民众的生存权利，却要普通民众抹去自身伤痛的记忆，来一次次仰望和缅怀。遗憾的是，很多知识分子一直在做这样的事情。

蔡康永：

如果熟悉余秋雨先生以前的著作，就知道他花很多精力在探讨中国知识分子的问题。他很想搞清楚这些人到底在关心什么，他们有没有足够的智慧来面对人生的难题和社会的难题，做出正确的选择。

余先生在记忆文学中再一次集中地谈到了中国知识分子，觉得他们中的很人一部分人好像永远怀抱着很多另外的企图，例如想做官，希望被上司赏识……结果放弃了知识分子的根本职能。

对于这个问题，我想冒昧地问一句：您有没有幻想过不做中国的知识分子，例如做法国和德国的知识分子？

余秋雨：

我幻想过根本不做知识分子，而且这个想法很强烈。

我在灾难中发现，知识分子最大的毛病是虚假。明明想迫害同行和名人，却要打出一面道义的旗帜；后来证明迫害错了，他们又会打出另一面道义的旗帜，把迫害的责任推到别人身上，再大声地批判别人……

一九六六年八月二十三日，大作家老舍先生去作家协会，一位同样有名的老作家当着中学生的面揭发说："老舍在美国领过美金的稿酬。"当时的中学生只知道美国是帝国主义的头子，便开始批判老舍先生。老舍先生怎么能对这些孩子说得明白，美国历来不用人民币支付稿酬？当夜，他就投湖自杀了。"文革"结束后，那些中学生受到追查，但那个老作家和其他许多揭发了别人、伤害了别人的老作家却像没事人一样，也都在愤怒地批判着"文革"。

我在"文革"开始时才十九岁，见到太多太多这样的知识分子，真为他们感到羞耻。"文革"结束后我在担任院长和上海市教授评审委员会负责人期间，不断收到知识分子为了自身职位的提升而狠命揭发他人的信件，揭发的内容大多都能置他人于死地。这也是我终究要彻底离开这个圈子的原因之一。

近年来，中国媒体间的毁人谣言，至少有百分之九十是知识分子制造出来的。即便被揭穿了还是继续造，已到了不知羞耻的地步。古人说"谣言止于智者"，事实却彻底相反。当然，在比例上，这样的人物在知识分子的总人数上还是少数，但其他多数知识分子到哪里去了呢？基本上是袖手旁观、幸灾乐祸。

我用不小篇幅来表述这一切，可能是太沉重了。尤其对年轻读者来说，有点不公平。

因此，康永，您也是写书的人，我想与您商量一下，能不能根据有些读者的建议，从书中挪开那些过于阴暗、过于复杂的内容，挪开那些描写政治运动和投机人物的章节，只留下家人的悲欢离合，变成一本薄薄的版本，交给年轻的读者？

蔡康永：

对此我深表赞同。您所说的那个专写家人悲欢离合的版本，一定会感动更多人。

余秋雨：

那我就有信心了，抽印一个薄薄的版本吧。有人如果读了这个版本还想多读一点，可以找全本。

蔡康永：

您从年轻时就喜欢读书，后来一直读了那么多。现在是不是有压力，发现世上还有很多好书，人的一辈子根本读不完？

余秋雨：

好书是读不完的，对此我没有压力。

不必到书店和图书馆，自己家里的藏书就读不完了。过去想读尽天下好书，那是因为见识太小，不知道天下之大。这就像在乡村河边，对自己游不到对岸会构成一种压力，但到了大海边，就没有这种压力了。我前面说过，自从开始文学写作，对自己心灵的挖掘超过对外界知识的涉猎。辛格说，一个年轻的作家，总要读得多，写得少；一个成熟的作家，总要读得少，写得多。我不年轻了，已经有权利少读一点。

读书开始时，需要一定的数量，但到了一定的境界，数量确实不再重要。遥想古代哲人，看过的书远远不及我们多，却创造了我们永远无法追赶的智慧。这么一想，面对茫茫书海，心也宽了。

蔡康永：

感谢余先生到我们这里来做客。

张小燕、蔡诗萍的专访

（2005 年 2 月 16 日）

张小燕：

今天很高兴请到余大师，能够一睹您的庐山真面目。

拜读过您的许多著作，也看过您的照片。但我还是担心大师坐在这里感到太枯燥，于是找来一个年轻的作家，他的名字也很有诗意——蔡诗萍先生。

蔡诗萍：

还是余秋雨先生的名字更有诗意，也比较传奇。你在自己的记忆文学里提到，有人问你这是否是笔名，你回答：不，是真名，而且是不识字的祖母取的，够神吧。

余秋雨：

名字是随手捡来的，因为我出生的时候是秋天，正下着雨。

张小燕：

我们今天是电视访谈，由此想到，当年您在大学里做院长，是不是觉得上电视和做学问这两件事并不冲突？

余秋雨：

估计你看到了有关我的一个争议。

好几年前，我刚刚在电视上出现，就有不少人在报纸上批评，说著名学者不应该上电视。理由是，电视太低俗，不是学者该去的地方，学者应该坐冷板凳，在家里安安静静地钻研学问，不能分心。

那时我上电视，是担任"国际大专电视辩论赛"的总讲评。这个节目很冗长，每天等到我讲评，已经是午夜之后。我想，这几位批评我的先生直到午夜之后还在看电视，可见已经离不开电视了。把自己已经离不开的东西硬说成是低俗，这就是文人的虚假。因此，我不是反对他们对我的批评，而是反对他们对自己的虚假。

当然，这还牵涉到一个基本理念：文化要不要被传播？近代以来，世事巨变，很多文人闭门造车地"钻研"了百十年，有没有"钻研"出真正有价值的东西，提升世态人心？结论是：基本没有。

由于他们反对，我倒是认真了，觉得所有昨天留下的文化禁忌，正是文化落后的原因，必须花力气来突破。结果，反而使我更多地上电视了。到今天，绝大多数有文化良知的人已经不再反对学者上电视了。

张小燕：

每次文化突破，总有人当烈士，死在众人的枪口下。没有牺牲的，就成了先驱。

蔡诗萍：

这种情况，台湾也曾经历过。十几年前，如果一个学者常上电视，多半会与您一样，被批评为"不务正业"、"爱出风头"。现在情况变了，一些青年学者宁可追求自己在民间社会和大众传播里的公众形象，而不会在乎大学里那一套陈规森森的繁文缛节。

我常这样比喻，游乐场里常见一种游戏，人们拿着槌子，看哪个洞里先冒出玩偶的头，就重重地朝那里打下去。玩起来，是好玩，但放在真实世界，不免沉重。在社会变革中，人们总习惯于一起敲打先冒出头的人，等大家都学会冒出头之后，却忘记了当初那个被敲打得满头包的人。

张小燕：

余大师一生一直在做先驱的事。在连饭都吃不饱的乱世，就开始钻研中外典籍；在大家都在躁动不安的时候，就埋头几年写作学术著作；在大家都在争着当官的时候，却辞职了；在大家都挤在文化界里你看我、我看你的时候，却选择了远行考察……

余秋雨：

您千万不要叫我"大师"。年轻人叫着玩玩倒也算了，小燕姐您是台湾主持人中德高望重的领军人物……

张小燕：

在最缺乏知识的年代，您把人类历史上一些很重要的文化艺术经典一点一点地进行诠释和介绍，并变成一部部教材——就凭这一点，我就有称呼您为"大师"的理由。

这种特殊的学术成就，是否与您后来被任命为院长有关？

余秋雨：

有点关系，因为我在几乎不可能的情况下悄悄地写了《世界戏剧学》这部著作。但是，我被任命为院长，还有著作之外的原因。

我担任院长之前，国家文化部在我们学院举办了三次民意测验的投票，我都是第一名。主要原因是，当时"文革"灾难结束不久，全院的教职员工还都清楚地记得我在灾难年月的表现。我坚决反对一切暴力，绝对不会参与整人。当时的民意测验，最在乎的是这一点。

张小燕：

您受到人们尊重，可能还有一个原因。您有很大的学问，但您的表述却能如此打动人心。一个大学者，一般总会给人一种遥远的、了不起的印象，而您却能这样地接近人。

蔡诗萍：

余先生确实有这个特质。学者出身，有很好的学术成就，但他的文字，非常具有亲和力。这种特质，怎么养成的，我很好奇。

我在读《借我一生》时，一开头就非常震撼。您描述父亲停止呼吸后，您用手去合拢他的嘴，才发现自己与父亲的肌肤从来没有如此亲近过。读到这里我吓了一跳，我也是这样，相信许多男人也是这样。您一下子触及了中国文化中的父子关系，题材严肃，笔触却是那么感性，让人打心底里撼动。

从书中我也一窥了您对读者何以具有这么大亲和力的原因。您不像一般文化人那样，只从知识里去接近世界。从小，您母亲让您对大地、生命、责任等生命议题，去亲身体验，后来您把这种亲身体验，透过笔，生动描绘下来了，包括体验世间最丑陋的部分。我始终深信，对人性丑陋面的包容理解，是生命智慧最大的学问。好的作者，不能闪躲这个问题。

张小燕：

把读者引入对历史的共同体验很重要。我们都体验过两岸隔绝的悲剧。我母亲离开大陆时才二十二岁，四十多年后才回去，看见自己的哥哥已经挂了拐杖，白发苍苍，我就亲眼看到了这个历史性的情景。

您亲自经历过"文革"。但您书里的描写，好像与我们台湾人原先听说的不大一样。好像没有像原来听说的那样可怕，但细看下去又比听说的更加可怕……

余秋雨：

有些人对"文革"的传播，过于着重于上层政治斗争的层面，以及一些著名人物的遭遇。

在我看来，"文革"之所以成为一场灾难，是放纵了民间的恶，形成了人人都可以互相揭发、互相造谣、互相批判、互相审判的社会风气，使大家都没有好日子过；更严重的是，这场灾难在文化人中培植了一大批整人、毁人的专家，并把整人、毁人当作了一门专业，娴熟地找借口、凑伪证、造声势，成为一种延绵至今的负面文化。

与此同时，民间也有不少善良火苗与之相抗衡。这种善良，是拒绝同流合污，努力救助他人。有的人，虽然同流合污了，却还良知未泯。因此，在那个灾难深重的岁月，还能处处遇到温情。总的说来，仍然是冷暖人生、啼笑岁月、真实世间。

张小燕：

灾难会把很多人心中的魔鬼挑动起来，却也有天使存在。他们或许与我们素不相识，却愿意伸出援手。我的一个亲戚在大陆另一次政治运动中危在旦夕，千钧一发，却被一个人救了。

蔡诗萍：

美好的东西无处不在。我年轻时，一段时期台湾曾有很大的批评声浪针对鹿桥先生的《未央歌》，因为那本书花了很大篇幅写抗日战争期间西南联大的学生在一对对谈恋爱。其实，鹿桥先生哪里有错呢？我看过许多父执辈的婚姻，正是在那烽火战乱中，一步步酝酿而成的。越是大时代，平凡人的平凡幸福，越彰显人性的坚毅与不拔。我年岁渐长，越明白这道理。

余先生显然相信人的灵魂的伟大，相信不管在什么情况下，人性总该有很大的活动空间和被理解空间。

张小燕：

其实，这恰恰是您最感人的地方。您即使在灾难中也相信人的真诚、善良、坚持，如果一时找不到，就由自己率先这样做，不管遭受多大的误解。

我发现，您的太太马兰女士也是这样，因此她最理解您。

马兰是内地非常有名的黄梅戏表演艺术家，十九岁成名，拥有广大的戏迷，包括在台湾。我看到一些资料，前些年，正当大陆一些人在媒体上向余大师投污的时候，她站出来说："我的人生因他而完美，嫁给他没白活。"

马兰还这样说您："他是一个严格的人，会从文化和美学的角度向我提一些更高的要求。我也用我的方式参与他的工作，他的每一篇文章，我都是第一个读者。我会用不带演员腔的自然声调念一遍，他闭着眼睛在那里听，听完就拿回书房去改。"

这实在是令人羡慕的家庭生活。但是，只要有需要，她也愿意暂停这样的生活。例如余大师决定亲自冒险去考察人类各大文明的时候，她可以陪一段路程，也可以在家里等候，虽然牵肠挂肚，坐立不安，每天祈祷……

余秋雨：

我很奇怪，您是从哪里看到她说的这些话的呢？我居然完全不知道。

张小燕：

不知道？我好像到您家去翻过了箱子一般清楚！您听，她还有这样的话："我们两个人从来没有吵过架，但他也有着急的时候，有一回他在电话里生气了，说我不该这样说，他非常不想听，就把电话挂了。他让我自己去想，想完了以后再谈。"

余秋雨：

这件事我记得。这些年来，文艺界很多人竞相通过奉承、伪装繁荣来招摇，而一些文化官员又都在颐指气使，胡作非为，她就灰心了，决定彻底放弃表演。我多次劝她："我们的父母和我们自己经历过多少灾难，不也一次次熬过来了吗？为什么要彻底放弃？"她有时被我说服了，有时看到了更多的丑恶现象，又要放弃了。这是我们唯一发生过争执的地方。

在我看来，一个深受海内外观众欢迎的艺术家，正当盛年就决定放弃演出，是一件很严重的事，所以我要她再想想。因为我是一个很专业的戏剧学者，深知她在舞台上的演出水准，听到她的决绝言词心中就会产生很大的悲恸，为中国的舞台艺术。所以，我有时会听不下去。

但是，在这件事上我又很佩服她。她从来不考虑名利，从不参加层级太低的演出活动。有时职位很高的领导来了，当地官员安排她演出，她也婉拒，因为她觉得艺术应该有独立的地位，不应该受官场驱使。她的这种想法和做法，在中国文艺界，几乎是空谷足音。

张小燕：

她常常决定不演出，就像您常常不想再写作一样。

余秋雨：

我不想写作，倒是还有其他原因，例如盗版。我的书，在市场上十分之九是盗版，其中还有大量冒着我的名却不是我写的书，包括一些色情小说。因此我只能告诉读者，我不写了，那些新的书名都与我无关，请大家不要上当。

另外，我也实在太厌烦文化界那些永远都在写文章诬陷名人的人，厌烦媒体对他们的宠爱，厌烦法制对他们的纵容，因此，不想再侧身其间了。

蔡诗萍：

我相信您打从心底里不会在乎这一切，因为您所经历的都是一些很勇敢的人生故事。连女性，您的祖母、母亲和妻子，都是那么善良又那么坚毅。值得再一提的是，中国现代文学史若从"性别"的角度切入，将可发现，女性的再认识，女性角色的重新被理解，是很重要的一环。您的书，也记录了中国女性极其刚强又温婉的一页故事。

张小燕：

我已经非常确定，大师热爱的是坚毅的女性。您不会喜欢任何软弱。所以，除了对那些长辈的尊敬外，马兰是您心中的最爱。她也让您的人生更完美，正像她说您让她的人生更完美一样。

今天很开心能与您聊天。无论是您高深的学问还是优美的文学，都抵不过您所倡导的善良、责任和坚毅。下次我如有机会到内地，您一定要让我和马兰见一面，我们肯定很聊得来。

杨照的专访

（2005 年 2 月 21 日）

杨照：

很高兴在节目现场邀请到余秋雨先生。余先生午安！

您已经几年没来台湾了？

余秋雨：

五年。

杨照：

相隔五年，却丝毫不影响您在台湾受欢迎的程度。

一般台湾媒体对您的介绍是"中国大陆知名作家余秋雨先生"，但台湾读者在读您的文章时，并没有什么障碍和距离感。

余秋雨：

我的书在大陆有大量盗版，其中有两种的封面上印着"台湾余秋雨"。盗版者大概觉得台湾有一点"距离美"，因此更好卖。

但是这个现象也证明我的一个目标达到了。我心中的写作，只是华文写作，而不是地域写作。文学本要把画地为牢的人们释放出来，岂能用写作的笔再在地上多画下两道沟壑？莎士比亚、贝多芬、罗丹、海明威把全人类的共性都刻画出来了，地球上任何角落的文化人面对他们都不会产生太大的障碍和距离感。我们只在华文圈里，为什么不能在字里行间悲欢与共？

杨照：

您的书在海峡两岸都有非常广大的读者群，所以那些连您的籍贯都不知道的人也在盗印您的书。如此畅销，对您是一种喜悦（Pleasure），还是一种压力（Pressure）？

余秋雨：

这两个从字形到发音都靠近的英文词，对我都有份。

我不愿意做那些看似发生、实际上并没有完成的事。我的书被很多读者接受，证明我的写作不仅真实发生，而且真实完成了，这当然令我喜悦。

由此产生的压力有两种。第一种压力是因读者的数量而形成的责任，这种压力应该变成继续前进的鞭策；第二种压力是有些读者喜欢了我的一种写法而不希望我改变，这种压力应该突破。简单说来，既有向前催的压力，又有向后拖的压力，我不能为了沉湎喜悦，躲避前一种压力，屈从后一种压力。

杨照：

与这种压力相关，您当初远行考察就是为了补充教科书里没有表述的东西，但现在不少读者却把您的著作当作教科书来读了，对这种逆反现象，您有什么感触？

余秋雨：

这些读者如此爱护我的作品，我非常感谢。

但是，我必须提醒自己：不管读者们用如何稳固的热忱关顾着我，我的脚步却不能凝固。我的写作生命，在于通向未知的前沿；我的笔触，一直处于探寻状态。这种状态，很不适合于教科书。因此，即便我的文章收到了教科书里边，我的生命也在教科书之外。

杨照：

您原来是一个戏剧学者。戏剧修养对您的写作有没有产生影响？

余秋雨：

有。

第一，一落笔就要保持对读者的吸引力，不能不顾读者而自言自语，这与舞台演出中每时每刻都不能丢弃观众是同一个道理。

第二，重要的场合力求有画面感，这在戏剧上称为"必须场面"，有景，有人，有运动。散文写作中未必经常获得，如能获得，就要珍惜。

第三，文章中如果有人物对话，就要力求自然、生动，不做假兮兮、文绉绉的书面状态。

杨照：

我还想请教旅行写作上的问题。您怎么处理旅行和写作的关系？是出去一次写一篇，还是边走边写？您有没有不写作的旅行？

余秋雨：

我的写作，没有模式。

写《文化苦旅》的情形是：每次出走都没有写作动机，半道上产生了强烈感觉，就在旅馆里写，但更多的是回来后写。也不是回来后立即写，而是过了不少时间，到了不少地方，唯独有几个地方总也忘不掉、抹不去，就开始写。一般说来，去了十个地方，觉得值得写的地方大概有两个，等到动笔，真正写成了文章的，只剩一个，因此旅行和写作的比例是十比一。

其中有些文章，因为题目重大，涉史深厚，必须旧地重游、重复考察。等到动笔后发现有些问题有待再度核查，就再去，因此这些文章，如写山西商人、东北流人、东坡行迹，每一篇都写得非常辛苦。

到国外旅行就不一样了吧?

余秋雨:

对。《千年一叹》是一种历险写作,从北非、中东、中亚到南亚,大多数地段都充满恐怖,天天有被绑架的危险,天天不知道在何处吃饭、何处住宿。我的文章每天一篇通过海事卫星的发送,在世界各地重要的华文报纸上逐日转载,无法中断,因此只得趴在荒原石礁上写,伏在吉普车轮上写,写了半页就要交给刚刚调好卫星发送系统的技术人员,连重看一眼的可能都没有。《行者无疆》写欧洲,虽然不再恐怖,写作状况也差不多,每天一篇,边写边发。

杨照:

这样的写作,既没有资料可以参考,又没有时间进行修改,如何保持其间的文学性呢?

余秋雨:

这是我对写作这件事情的边缘性试验。看上去很不严谨,却是对一个人的平日储备、即时感受和执笔能力的极端性考验。这样的历险考察每次都达半年之久,自己想想也真不容易。这样的写作方式不应该成为惯例，不希望青年学生来模仿。我做了试验，就可以了。

如何在这样的写作中保持文学性？答案是：长期储备，长期磨炼，使自己的瞬间直觉都包含着文学意味。

杨照：

您每次到外国旅行考察，是否都会增加或改变对中华文化的认识？

余秋雨：

对。每次都会从对比中进一步认识中华文化的集体心理。

杨照：

您说到中华文化的集体心理，使我很自然地联想到中国大陆发生的所谓"余秋雨现象"了。您那么艰辛地考察中国文化和世界文化，考察的结果又广受海内外读者欢迎，却受到一些人没完没了的围攻。这对您和广大读者都绝对不是快乐的事。我觉得这不是单纯的个人事件，而是反映了一种集体心理，更是反映了现代文明在前进过程中必然会遇到的挑战。您作为当事人，同意我的这种看法吗？

余秋雨：

您说得对，这不是个人事件。

大陆的经济早已在转型，而文化的转型还没有正式起步，但文化界已经感受到巨大的不安全。很多人怕自己失去最后的话语市场，成为文化上的"下岗工人"。而且，确实已有很多事实证明，他们的文化思维早已跟不上时代，越来越不受学生和读者欢迎。

在这种风雨飘摇的情况下，他们看到有人居然受到了学生和读者欢迎，便立即视为与自己争夺资源的人，顿生嫉恨。

杨照：

有限的资源不能满足他们无限的欲望。他们又不通过自己的努力来争取资源，只能攻击获得了资源的人。

余秋雨：

其实在"文革"中也是这样，很多文化人首先集中攻击文化界的名人，理由是他们既有名又有利。但是光从名利着眼毕竟太露骨，因此又伪装正义地"揭发"出他们有"历史问题"，例如"在国民党统治时代不反对国民党"，等等。其实，哪有什么"历史问题"，都是现实问题，那就是他们应该分一点名利给攻击者们。

杨照：

因此，我一直觉得"余秋雨现象"必须从集体文化心理的角度来看才能明白。我始终认为，中国文化最严重的问题是把两个英文词混淆了。一个词是 jealousy（嫉妒），另一个词是 justice（正义）。这两个词的含义相差很远，但在很多中国文化人那里，常常把嫉妒当作正义，把打倒有名的人当作伸张正义。当这种混淆达到某种程度时，对社会的伤害会非常巨大。

我好奇的是，在这个过程中，您不可能完全不动气。这对您冒险考察人类文明的使命有没有产生影响？

余秋雨：

我钦佩您用混淆 jealousy 和 justice 这两个词的含义来概括中国文化的一大毛病，这确实击中了要害。单纯的嫉妒，人们能够辨认，但一旦蒙上"正义"的面目，人们就很难识别了。中国老百姓历来最容易受到"正义"的蛊惑，却又完全没有实证意识。于是，一个个有点名声的创造者都被冒充为"正义"的"嫉妒"包围了。

一开始，我当然很生气。因为他们所造的谣言实在太耸人听闻了，一下子弄得观者却步、街市错愕、善恶难分。等到谣言终于破碎，真相终于大白，他们却不羞不逃，依然高声叫喊，一月月、一年年地喊下去。更让人无奈的是，多数媒体都站在造谣者一边，因为他们原先就天天期待着名人出丑。

在这种情况下，要分清是非是不可能的了。正是在这种绝望中，我继续一次次出行，情同"义无反顾"。如果还有辩论的场所、讲理的余地，我可能会浪费更多的精力。从这个意义上说，对方的彻底无理，反而节省了我的力气。

杨照：

我想问的是：这些事情现在尘埃落定了吗？

余秋雨：

没有，也不可能。

有些人生来就是为了"寄生"而"扬尘"的。他们寄生在别人身上，却又要掩饰这个事实，因此永远需要一次次扬起尘埃来模糊社会视线。因此，只要这些人在，就没有尘埃落定的时日。例如，有一个人公开揭发了我的很多"文史差错"，台湾还再版了他的书。有一位我不认识的学者翻着原书向他指出他所说的根本不是事实，他轻松地说"我是想当然"，但绝不道歉。

有趣的是，很多读者也喜欢这种尘埃。几天前这里有一位女主播问我："您承认自己是一位有争议的学者吗？"我反问道："什么叫争议？难道你走在街上，有两个小流氓向你说脏话、吹口哨、掷垃圾，你就成了一个有争议的主播了吗？"我这么说，可能有点冒犯这位可爱的女主播，但我们熟悉的"争议"基本上是这样。例如我被"争议"了那么久，有哪一个人、哪一篇文章，对我十五年来的大量考察结果提出过一丝一毫不同的意见？对我在华文写作上的探索和试验提出过一点一滴的商榷？这就像，说一个经济学家有"争议"，不是指他的经济学理论，而是硬说他在小学的时候拿过旁座女同学的一支铅笔；说一个著名画家有"争议"，不是指的绘画艺术，而是硬说他曾把脚癣传染给了家人。可佩服的是，那些人有本事把"铅笔事件"和"脚癣事件"批判得大义凛然，并断言国家之落后、文化之破败全应该归罪于这两大事件。久而久之，很多媒体和读者也觉得元凶已缉、世事已定，再眼巴巴地期待其他事件的发生……

既然如此，我的心也就平了。我注定会在"尘埃"中度过这辈子。滚滚红尘，反让我知道活在何处，并活得如此真实。

杨照：

谢谢余秋雨先生。那么多寄生者企图分享您的读者资源，甚至企图分享读者对您的喜爱，那就让他们分享吧，您也好就近从他们身上研究中国文化。

四　评论

余秋雨的现代意义

许祖宁

一

余秋雨的年纪不算小了，文笔又典雅畅达，很容易被看成是老派主流作家。但奇怪的是，十余年来，他在海内外华文界的影响越来越大，大量不同国籍和背景的青年，甚至少年，一批又一批地成了新增"余迷"，这是怎么回事呢？

我经过多年观察和对比，发现余秋雨已经把一种完整的"现代性"变作了自己的生命方式。他比许多表面上很现代的年轻作家更现代。

法国社会观察家 L. 申恩教授在一九九六年发表的《从巴黎到法兰克福》一文中指出："在二十世纪后期的文化中，什么是最深刻的现代性？第一是大流浪所产生的无界感受；第二是寻根以后的失根状态；第三是逃离权力体制后的孤独体验；第四是保持格调却又关注流行生态和边际生态。"

由此可见，精神文化上的"现代性"，与经济建设中的"现代化"有根本的差别，也与艺术技巧上的"现代手法"很不相同。

欧美的现代文化史证明，真正深刻的现代性，对广大民众来说一定是既陌生又熟悉的，因为大家其实都已经进入了现代。所以，真正深刻的现代性，大多会产生某种非主流方式的流行。

从申恩教授提出的"最深刻的现代性"四原则，我们可以更清楚地认识余秋雨。他的生态选择，早于这四原则的提出，而申恩教授似乎也不可能认识他。因此，看似巧合，却证明了一种重大精神过程的非偶然性。

二

"大流浪所产生的无界感受"，可以从余秋雨第一本流浪文集《文化苦旅》和最后一本流浪文集《行者无疆》这两本书的书名中得到最好的印证。"无界"和"无疆"，在外文中可以是一个词。

欧洲在前几个世纪就出现过一些以流浪、行吟为主要行为方式的艺术家，但是，二十世纪中期之后，也就是第二次世界大战之后的"现代派流浪"，更着重于内在的精神流浪，其中包括着在不同时间段落和空间段落中的放逐和冲突。"在路上"，这个概念在现代文学中并不是指旅游，而是指当代人在辽阔移动空间中的含泪嬉戏。

在华文领域，於梨华较早地表现了"现代派流浪"，然后很快，白先勇和三毛把这件事情做精彩了，立即产生巨大影响。白先勇是从中国历史的断裂处放逐出来的，他写尽了一个悲壮的流浪者群体"台北人"，而自己则在更远的流浪地美国西海岸品味着群体的流浪和个体的流浪。这种由中国大陆、中国台北、美国三度景深所组接成的空间流浪，折射着一场改朝换代、人事全非的时间流浪，实在具有一种宏伟的现代意义。紧接着白先勇，三毛用个人的冒险远行，使流浪成为一种生命行为。三毛的主要流浪地是撒哈拉大沙漠，不仅是中华文化的陌生地带，而且也是现代文明的边缘地带，这就使一个最柔弱的东方生命接受了最粗犷的挑战和拷问。这种流浪，是以生命断裂的方式开始，更是以一种真正残忍的生命断裂方式结束，道尽了现代派流浪的险峻和悲哀。

如果说，白先勇的流浪是历史断裂处的脚印，三毛的流浪是生命断裂处的脚印，那么，余秋雨的流浪则是文化断裂处的脚印。

这是神秘力量的故意设计吗？让一个父辈疆场的叛逃者去追寻历史，让一个敏感家庭的叛逃者去追寻生命，让一个"文革"荒芜的叛逃者去追寻文化，三者都万里迢迢，三者都充满苍凉。

我的这种归纳显然不是牵强附会，因为我最早翻开《文化苦旅》台湾版时，第一页就是白先勇的极高评价，而在余秋雨的"自序"中，打眼就读到了三毛。

这是一脉稀罕而又强劲的细流，在不同的远方用畅达无碍的华文，演绎着最深刻的"现代派流浪"。

相比之下，余秋雨的文化流浪，在规模上比白先勇和三毛都大得多，甚至达到了一定的完整性。他一出发就决定了此行无界，因此几乎走遍了全世界。除了地理疆域之外，他还快速地穿越了学术和文学的边界、知性和感性的边界、古老和亲近的边界、历险和深思的边界、急就和精致的边界、荒芜和美丽的边界……每一道边界的穿越，都会搅动一连串原有的森严壁垒，引发层层叠叠的所谓"争议"，但他连"争议"也穿越了，作为一个无悔的远行者，他不会理会路边小屋暗窗里那些惊恐而抱怨的眼神。

余秋雨从不为自己的思维和感受设限。他说，他对数千年的中华文化有一种崇敬和忧伤，但他在谈论中华文化的时候从来不受限于国家主义和民族主义，相反，他时时保持着对这些主义的警惕。

他的这种状态，带来的第一效应是，不管是台湾读者还是海外读者，读他的书没有任何文化障碍，就像见到了一位已经共同相处很久的兄长和老师；带来的第二效应是，读者不管处在什么样的地域环境中，读他的书，总能使胸襟越来越开阔。

这也就是由流浪带来流行的原因。二十世纪后期的"现代派流浪"，几乎全由流浪带动流行，因为人们已经厌倦本土老曲，只有流浪者的歌声才能打动每座城市的每个窗户。白先勇和三毛已经由流浪而流行了，余秋雨则在这方面开拓了新的境界。

三

"寻根以后的失根状态"，余秋雨表现得尤其充分。

在台湾，寻根的大手笔，有电影的侯孝贤、舞蹈的林怀民，以及早一点的"汉声"。余秋雨以一种连贯的大意象来表述他的寻根目标，那就是他一再写到的废墟。

用他自己的话来说，他在"文革"灾难所造成的"身边的废墟"中去寻找一个伟大的远年废墟。

《文化苦旅》是寻找伟大废墟的首度实录。才走几步，已使所有华文世界的读者产生一种神秘的共鸣。因为那是在寻找大家"文化身份"的朦胧依据，但大家心里又隐隐知道，这种"文化身份"大多已经颓弛，只能跟着余秋雨远远缅怀了。《文化苦旅》让大家的动情处也在这寻根和失根之间。

《山居笔记》里描写的废墟更大、更令人伤神。这似乎是一部以失根为主题的作品，但其中还包含着更深层的问题，那就是：在失根的灾难中，还能保持一点尊严和人格吗？在这个问题上，中华文化的功过如何？

为了能够回答这些问题，余秋雨顺理成章地下决心要去考察人类历史上可以与中华文明构成对比的那些异域的伟大废墟。这就出现了三重废墟系列：身边的废墟—古代的废墟—人类的废墟。

如此里里外外地辛苦寻找，他仿佛找到什么了。他在布满极端主义枪口的荒路上感受了中华文明没有中断的原因，又在西方的街市间感受了中华文明衰落的原因。他还用谨慎诚恳的语调把这些感受告诉读者。这样的结果似乎很圆满，但圆满会阻断"现代派流浪"。幸好，一种重大的冲撞打破了这种圆满。就在他九死一生终于返回中国大陆的时候，居然被传媒间的诽谤包围。其实，这是身边的废墟追上了他、笼罩了他。他又对刚刚找到的对中华文明的过度乐观产生了怀疑。

这也就从负面进一步成全了余秋雨，使他寻根而失根。于是，余秋雨从万里叙述回归于内心沉吟，从一个当代无人可比的文化考察者上升为一座精神孤峰。

四

申恩教授所说的另外两个原则，也恰恰是余秋雨的行为特征，我只能简单地提几句了。

"逃离权力体制后的孤独体验"，说来容易，实则很难，尤其对余秋雨。因为在余秋雨生活的环境中，无特权必然步履维艰，而他本可得到很高的特权，却在十余年前弃之若草芥。了解大陆文化界的人都知道，连所有没有资格当官的文人都会想方设法取得一种"亚特权"，但余秋雨连这一切也全部不要。这不是传统意义上的自命清高，而是现代意义上的体验孤独。这种孤独，使得那些针对他的攻击怎么也不会受到阻止，因此也使他的体验加深了。

"保持格调却又关注流行生态和边际生态"，也是余秋雨区别绝大多数大陆文人的地方，因此也是受到两方面责难的原因。那些责难者认为，身处当今潮流之中，余秋雨的文章显得太正经、太典雅；同时，他们又从相反方向认为，余秋雨不应该关注流行文化和边际文化，而应该黄卷青灯、皓首穷经。

总之，对于多数大陆文人而言，余秋雨是艰深的；对于多数华文读者而言，余秋雨是亲和的。那些文人解释不了这之间的巨大落差，因此只能对他采取回避和排斥的态度。

他们的自身障碍，不仅仅是嫉妒，而是体现了两种完全不同的文化生态。余秋雨已经走得很远，与他们处在不同的世界。他的现代意义，正是由他们的不理解来反证的。

好在他已经出现了，大模大样地存在过了，而且已经被海内外广大读者清晰地看到了，牢牢地记住了。

我的简单结语是：就完整意义和深刻意义上的现代性而言，在当代华文文学中，或者上推得更早一点，余秋雨都是空谷足音。他受全球那么多华文读者的长时间欢迎，肯定不只是因为他的文笔和才情。他以个体生命投入无界流浪，让人们在现代意义上感悟了自己的历史和身份，却又立即产生疑惑，急于跟着他继续无止境的精神流浪……这才是真正的原因。

平易中的语言魅力

桑庚楚

余秋雨先生的作品为什么会持续那么多年受到海内外读者的欢迎？这是一个神秘的问题。

很多人都在探寻答案，因为大家都希望自己的作品受欢迎。

有人认为余秋雨先生的作品受欢迎，是因为他新颖的文化观念。余先生的文化观念不愠不躁，又契合人心，当然是受欢迎的重要因素。但应该看到，再好的观念也只具备引领意义，而不会让人反复品味、爱不释手。

有人认为，是因为他作品中包含着足够的知识含量。但是殊不知，余先生恰恰是为了逃避"知识含量"才写散文的。他早已是一个学术著作等身的大学者，发现再庞大的知识系统也无法体会人生的幽幽厚味，才拿起了文学的笔。他怎么舍得再用散文来写知识呢？他多次说过，好的散文不应该依赖知识性、学术性，那些有太多文史呈现的部位，常常造成"文气滞塞"，是文章中不好的部位，应该删掉。

有人认为，是因为他的作品迎合了时俗的需求。但显而易见，余先生的书中没有艳情、警匪、凑趣、玩泼、挑逗的成分，也没有故弄玄虚、哗众取宠的色彩，也就是说，从未迎合时俗。喜欢读他书的人，一般都是各行各业中具有文化情怀的人士。

有人甚至认为，他的作品受欢迎，可能是出版机构"炒作"的结果。这实在是一些卖不掉书的文人的自我心理安慰了，完全与事实不符。从大陆的资讯来看，余先生出每一本书，几乎都没有召开过新闻发布会、新作座谈会。他在台湾受到如此欢迎，更没有人为的因素。总之，与其他作者相比，他在这方面的"炒作"几乎无迹可寻。

那么，余秋雨先生的作品受欢迎的秘密究竟是什么？

我认为有很多原因，这篇短文只想谈一个最具体、最感性、最技术性的原因：语言。

语言在文学中的重要意义，一定被人们轻视了。人们更重视的是内容。其实，语言才是真正的基元，就像唱腔在意大利歌剧和京剧中的地位。大家在未必懂得内容的情况下就迷醉那些剧目，主要是迷醉唱腔。有了唱腔，才有风味，内容才活起来。

语言是文学的"唱腔"，全部风味、韵致，都在那抑扬顿挫之间。海内外读者喜欢余秋雨先生的作品，首先也是着迷于他谈论每个话题时的口气、节奏、神情、心态，而这一切都非常感性地渗透在他一句句的语言中。

简单说来，余秋雨先生的文学语言有以下几个特征——

第一，剥除装饰。也就是比较彻底地脱卸了语言的外在装潢，裸露出语言本身最朴素的肌理。他的笔下很少出现形容词、成语、排比，完全不做五光十色的文字游戏。

不少信息可以证明，余秋雨先生很能雕刻文字，可以雕刻得非常优美，但他在绝大多数情况下基本放弃了这种雕刻，故意追求"净空无色"、"真水不香"的境界。他坚持用"最彻底的清水大白话"写作，淬炼着自己终极的文字功力。

除了剥除色彩的装饰外，他也不喜欢"气息"的装饰。他的文字既没有名士气、酸涩气、冷峭气，也没有桐城气、民国气、港台气，更不追求京味、川味、马背味。他舍弃这些气味，选择了文化的日常感性，以一种洁净的语言进入了一种无障碍状态，几乎具有了无限的发挥可能。我认为，这也是余先生自从操持文学语言之后能够纵横驰骋、无学不窥、无远弗届的原因。有的作家，往往让特色太浓的语言困住了生命，只能发一种腔调、摆一种姿势了。

第二，融化艰深。为每一个艰难而又深奥的话题寻找最平易的话语入口，使当代的精神前沿获得了娓娓动听的世俗牵动力。

例如，他要通过对清代历史的重新认识来探讨中国民族主义的思维陷阱，这本是很难通俗得了的课题，但是《山庄背影》开头却由每一个中国人从小就在历史课里产生的误会说起，一下子把所有的读者都带入了，而且带入得那么平等。又如，他要通过对清代晋商的升沉来探讨中国商业文明的命运，也是够大够难的题目，却也从自己对山西的抱歉之情说起，再引入论题，于是这个论题也软化成大家都能接受的了。余先生的几乎每一篇文章都是如此，这并不是谋篇的策略，而是以诚恳之心左右了语言，使语言具有了广泛的吸附性。

其实除了开头之外，通篇都是这样。因为随着文章的推进，时时都会出现思维高点，余秋雨先生都用诚恳之心、平易之笔缓缓软化，使广大读者方便进入，并充满趣味地一步步攀缘，却又不降低高度。这其实是最难的事。英国历史学家屈维廉（G.M.Trevelyen）说：有一种说法，认为通俗一定容易，有趣一定浅薄，晦涩一定艰深，实际情况正好相反，容易读的东西最难写。

据我所知，自从余秋雨先生的散文成功后，大陆的很多抒情作家开始写文化，很多历史学家开始写通俗，但都没有取得真正的成功。哪有这么容易的事呢，要把最前沿、最深刻的思想传达得人人爱读，必须比深刻的思想更深刻，然后用生命的热力去慢慢溶化，再熔铸成美的形体。从这个意义上说，余秋雨先生不可模仿，尽管看起来最容易模仿。

第三，重在叙事。尽可能挖掘语言的叙事素质，并把这种叙事铺展为感性场景。

余秋雨先生的文学语言着重于叙事。他认为叙事是文学之本，抒情和议论都应以叙事为基础。我想，这是受了司马迁的重大影响，可谓真正的"大匠之门"。只不过，在后代的多数散文写作中，抒情常常被误会成"文学性"，议论常常被误会成"深刻性"，叙事历来不被充分重视。余先生显然是要重新呼唤司马迁之雄魂，在他的文章中，几乎不见单独的抒情，偶有较长篇幅的议论，但主体部位一定是叙事。这才是真正的高手，把情、理隐伏在叙事中间，表面上不动声色，却意态沉着而醇厚，远胜直抒、直论。

叙事到一定程度，余先生会铺展出一个感性场景，使读者身临其境。余秋雨作品的文学素质，往往在这种场景中表现得特别透彻。

叙事是一条美丽的山路，而场景则是山头观景的亭台。

《文化苦旅》中最动人的篇章，都在于这种场景，例如《道士塔》、《阳关雪》、《沙原隐泉》、《风雨天一阁》、《牌坊》、《庙宇》、《信客》、《这里真安静》等。连深沉的《山居笔记》中的一些篇目，如《苏东坡突围》、《千年庭院》、《抱愧山西》、《乡关何处》、《遥远的绝响》中也包含着令人难忘的场景。两本考察日记《千年一叹》、《行者无疆》自不必说，当时出版的《借我一生》的感性场景就更多了，这需要另有专文研究。

第四，优雅警句。这是在感性叙事、铺展场景过程中的哲思闪亮，与一般的议论不同，是突如其来的思维灵感，如电光石火，烛照前后。

余秋雨先生笔下的警句，都用口语方式呈现，没有格言架势，也没有布道模样，而只是依据感性场景自然流出。但一旦出现，却显得凝练隽永，与前后文句迥然不同，让人反复吟诵，并长久契入记忆。这种以寻常方式呈现出来的特殊高度，显得贵重而优雅，真是遣词造句的化境。

我自己就经历过很多这样的场合，一群原先并不相识的人在一起聚餐，突然争相背诵起余秋雨先生文章中的警句隽言来了。背诵过程中发现，在场的其他客人虽然没有读过余秋雨先生的书，却也能立即听懂，而且立即安静。

我一直在想，为什么坊间也有大量的名人名言录，有的也很精彩，却独独余秋雨先生的言语容易被大家记住？原因是，其他名人名言出现时往往没有感性依托和语言魅力。这就是兼为文学家和思想家的余秋雨先生的特殊优势。

第五，非凡节奏。余秋雨先生的文章极可诵读，我听过好几位资历很深的朗诵专家诵读余先生文章的录音带，都极为振奋。余先生的文章中隐藏着一种难度最高的口语潜质，这可能与他曾经长期担任上海戏剧学院院长，熟悉表演艺术中的台词功力有关。

这种口语潜质常常体现为作者喁喁私语间的心理徘徊、进退自问。你看这段："只要历史不倒退，时间不倒退，一切都会衰老。老就老了吧，安详地交给世界一副慈祥美，假饰天真是最残酷的自我糟践。没有皱纹的祖母是可怕的，没有白发的老者是让人遗憾的。没有废墟的人生太累了，没有废墟的大地太挤了，掩盖废墟的举动太伪诈了。"

这是一段议论，魅力全在内心节奏。有无奈叹息，又有自我说服，然后产生联想，最后得出感叹式的领悟——这每一层，都黏连成一体，无法中断，却又由不同的语言节奏来表明。试读几遍，即可明白。

任何一篇文章，即使详略匀停、简繁得当，也可能是乏味的。余秋雨先生笔下的详略、简繁就是靠节奏来调配的，可以详至细微，也可以略如跳跃，全部受控于那个神秘的整体节奏。他写什么都好看，说什么都好听，也都与非凡节奏魅力有关。

只要细细品味就能发现，余秋雨先生的文章每一篇一开始叙述，就进入一种择定的节奏系统，他知道推进速度，更知道回荡旋转，即使那些难啃的段落，他也能靠着节奏的收纵来贴合读者的心理推进逻辑，然后再前前后后回荡几圈，在余音袅袅中了结。他是靠着节奏把广大读者"圈"进去的，读者受一种叙述节奏的诱惑，把所有的审美障碍都溶解了。

以上五点，我认为是余秋雨先生语言特色的核心，其他还有很多派生的特色，在此不一一列述了。

我最后想说的是，语言虽然人人会说，却还是人间的至高奥秘。几句平白无彩的话，却把素昧平生的读者深深吸引了，而大篇声色繁丽的句子，却无法让至亲好友读完，这是什么道理？一般人都认为语言只是工具，却不知工具也有"成精"的时候。语言是"成了精的工具"，同样的内容通向截然不同的文学天地。可叹的是，即便在一大堆著名作家中，具有自己语言特色的人不少，但是深潜此道的人不多，而可以让人把语言单独滤析出来进行研究的作家，更是少而又少了。

最受欢迎的原因

周智宗

据大陆媒体报道，2002年，出版部门统计"十年来最畅销的文学书籍前十名"，余秋雨一人占了四本。这个统计曾被白先勇先生在台湾新北市的一个演讲中引用，引起全场热烈掌声。

据大陆媒体报道，大陆发行量最大的《扬子晚报》在各省青年读者中投票调查"谁是你最喜爱的中国当代作家"，余秋雨名列第一。

据大陆媒体报道，上海有关部门在市民中问卷调查"近几十年来对你影响最大的一本文学书"，结果是余秋雨的《文化苦旅》，没有第二本。

据香港媒体报道，香港中文大学开列"必读书目"八十余本，古今中外作家中唯独余秋雨一人占了两本。不久，他们又把这个书目减少到五十余本，余秋雨仍然占据两本。

至于余秋雨的著作在台湾和全球各华人社区里受欢迎的程度，更是人所共知的文化奇迹。

余秋雨的著作为什么会受到如此持久而广泛的欢迎？

我觉得有八个原因。

一、他的主要作品都围绕着一个使命：重新发现中华文化。因此，海内外不同政治立场的华人都从他的作品中重新发现了自己的"文化DNA"。读他，就是读自己。

二、他建立了一个独特的出发点："穿越百年血泪，寻找千年辉煌。"因此，读他的作品总能让人超越阴郁、低琐，面对开阔、高爽，感受到作为一个华人的根子里的尊严。

三、他写了那么多古迹现场，却从来不会停留在风光的记述上，而是提升为一系列重大文化课题，例如，边漠文化、晋商文化、藏书文化、石窟文化、异族文化、流放文化、君子文化、小人文化、科举文化，等等。这些重大课题，皆具庞大的人文深度，每次发表后都立即在海内外掀起热潮，不仅吸引大量学者趋附研究，而且相应遗址也会快速成为旅游热点。

四、他把这种文化寻找看成是一种大范围的精神重建，而不是学术小圈子内的活动，因此，特意用简洁感人的诗化散文写出，使广大普通读者都能神醉心驰，没有障碍。我们周围有大量中年人（乃至老年人）都一致公认，他们这么多年来对中华文化的最主要认知，绝大多数来自余秋雨。

五、他对中华文化的重新发现，始终以亲自踏访各个遗迹为依据。这就使他的作品具有了足够的可信度。同时，在学术上，也摒弃了文化界"从书本到书本"、"从摘引到摘引"的陷阱，开启了实证主义、现场抵达、亲自观照的良好风气，对年轻一代影响巨大。

六、他对中华文化的重新发现，每一步都伴随着对世界上其他文化遗址的对比性考察。他冒着生命危险贴地穿行数万公里恐怖地区的勇敢行为，万人瞩目，震古烁今。

七、他对中华文化的重新发现，又总是及时向国际社会报告。他应邀在联合国总部、哈佛、耶鲁、华盛顿国会图书馆的巡回演讲，以及每隔一段时间在台湾的环岛演讲，都产生了很大的反响。正如联合国中文组组长所言，他是让国际社会了解中国文化的一座桥梁。

八、取得了如此重大的影响力，余秋雨却一直保持着纯民间的独立思考者身份。他彻底远离官场和"亚官场"，不参加各种文化社团组织，不出席任何会议。不难想象，这种生态在很多情况下会让他"寸步难行"。但正是这种生态，使他有可能腾出整段时间投入万里考察和潜心写作，又有可能不受干扰地保持着思考的深度和纯度。这也是海内外各方面能够充分信任他，总是邀他担任首席演讲者的原因。

总结了以上这八个原因之后，还忍不住要讲一讲他令人不可思议的"文化体量"。

他无疑是当代最有影响力的文化历险家、遗迹发现者，却又是几门重要人文学科的创立者。例如"世界戏剧学"、"艺术创造学"、"观众心理学"、"极品美学"等，至今很多高校还在使用他所编著的这些教材。此外，大家都知道，他是当代第一流的散文作家、小说家和剧作家。不仅如此，他对"中国文脉"的开山式研究，以及对庄子、屈原、苏轼、佛经的精致阐释和今译，又呈现出了一个极为渊博的古典学者身份。除此之外，人们如果到大陆各地名胜古迹游历，又会发现他被邀题写的碑刻最多，证明他还是一个深受各地民众喜爱的碑文作家和大书法家。

有人说，他一个人的著作，从外在体量、内在容量和思维质量上，均已经超过了一些庞大研究机构的著作总和。不管这种说法对不对，他的"文化体量"确实展示了一个当代文化学者所能达到的惊人幅度。如此巨大的文化创造力迸发自同一个生命体，实在蔚为壮观。大陆知名作家贾平凹在评价余秋雨时说："这样的人才百年难得，历史将敬重。"这并不是溢美之语。

——摘自《文化昆仑》第二章

余秋雨主要著作选目

《文化苦旅》

《千年一叹》

《行者无疆》

《中国文脉》

《君子之道》

《修行三阶》

《极品美学》

《老子通释》

《周易简释》

《佛典译释》

《文典译写》

《山川翰墨》

《借我一生》

《门孔》

《天暮归思》

《余之诗》

《冰河》（小说及剧本）

《空岛·信客》（小说）

《世界戏剧学》

《中国戏剧史》

《观众心理学》

《艺术创造学》

《北大授课》

《境外演讲》

《台湾论学》

注：由以上简目所编"余秋雨定稿合集"，将由磨铁图书陆续推出。

此外，还出版过大量书籍，均在海内外获得畅销。例如：《山居笔记》、《文明的碎片》、《霜冷长河》、《何谓文化》、《寻觅中华》、《摩挲大地》、《晨雨初听》、《笛声何处》、《掩卷沉思》、《欧洲之旅》、《亚非之旅》、《心中之旅》、《人生风景》、《倾听秋雨》、《中华文化·从北大到台大》、《古圣》、《大唐》、《诗人》、《郁闷》、《秋雨翰墨》、《新文化苦旅》、《中华文化四十八堂课》、《南冥秋水》、《千年文化》、《回望两河》、《舞台哲理》、《游走废墟》等。

"余秋雨翰墨展"中个人著作的集中展览

余秋雨文化大事记

● 1946 年 8 月 23 日出生于浙江省余姚县桥头镇（今属慈溪），在家乡读完小学。

● 1957 年至 1963 年，先后就读于上海新会中学、晋元中学、培进中学至高中毕业。其间，曾获上海市作文比赛首奖、上海市数学竞赛大奖。

● 1963 年考入上海戏剧学院戏剧文学系，但入学后以下乡参加农业劳动为主。

● 1966 年夏天遇到了一场极端主义的政治运动，家破人亡。父亲余学文先生因被检举有"错误言论"而被关押十年，全家八口人经济来源断绝；唯一能接济的叔叔余志士先生又被造反派迫害致死。1968 年被发配到军垦农场服劳役，每天从天不亮劳动到天全黑，极端艰苦。

● 1971 年"九一三事件"后，周恩来总理为抢救教育而布置复课、编教材。从农场回上海后被分配到"各校联合教材编写组"，但自己择定的主要任务是冒险潜入外文书库独自编写《世界戏剧学》，对抗当时以"八个革命样板戏"为代表的文化极端主义。

● 1976 年 1 月，编写教材被批判为"右倾翻案"，又因违反禁令主持周恩来的追悼会而被查缉，便逃到浙江省奉化县大桥镇半山一座封闭的老藏书楼研读中国古代文献，直至此年 10 月那场政治运动结束，下山返回上海。

● 1977 年至 1985 年，投入重建当代文化的学术大潮，陆续出版了《世界戏剧学》、《中国戏剧史》、《观众心理学》、《艺术创造学》、*Some Observations on the Aesthetics of Primitive Chinese Theatre* 等一系列学术著作，先后获全国优秀教材一等奖、上海哲学社会科学著作奖、全国戏剧理论著作奖。

● 1985 年 2 月，由上海各大学的学术前辈联名推荐，在没有担任过副教授的情况下直接晋升为正教授。

● 1986 年 3 月，因国家文化部在上海戏剧学院举行的三次民意测验中均名列第一，被任命为上海戏剧学院副院长、院长。主持工作一年后，即被文化部教育司表彰为"全国最有现代管理能力的院长"之一。与此同时，又出任上海市咨询策划顾问、上海市写作学会会长、上海市中文专业教授评审组组长兼艺术专业教授评审组组长。被授予"国家级突出贡献专家"、"上海十大高教精英"等荣誉称号。

● 1989 年至 1991 年，几度婉拒了升任更高职位的征询，并开始向国家文化部递交辞去院长职务的报告。辞职报告先后共递交了 23 次，终于在 1991 年 7 月获准辞去一切行政职务，包括多种荣誉职务和挂名职务。辞职后，孤身一人从西北高原开始，系统考察中国文化的重要遗址。当时确定的考察主题是"穿越百年血泪，寻找千年辉煌"。在考察沿途所写的"文化大散文"《文化苦旅》、《山居笔记》等，快速风靡全球华文读书界，由此成为最具影响力的华文作家之一。

● 1991 年 5 月，发表《风雨天一阁》，在全国开启对历代图书收藏壮举的广泛关注。

● 1992 年 2 月开始，先后被多所著名大学聘为荣誉教授或兼职教授，例如复旦大学、上海交通大学、同济大学、上海大学、中国科技大学、西安交通大学等。

● 1993 年 1 月，发表《一个王朝的背影》，充分肯定少数民族王朝入主中原的特殊生命力，重新评价康熙皇帝，开启此后多年"清宫戏"的拍摄热潮。

● 1993 年 3 月，发表《流放者的土地》，系统揭示清朝统治集团迫害和流放知识分子的凶残面目，并展现筚路蓝缕的"流放文化"。

● 1993 年 7 月，发表《苏东坡突围》，刻画了中国文化史上最有吸引力的人格典范，借以表现优秀知识分子所必然面临的一层层来自朝廷和同行的酷烈包围圈，以及"突围"的艰难。此文被海峡两岸暨香港、澳门的报刊广为转载。

● 1993 年 9 月，发表《千年庭院》，颂扬了中国古代最优秀的教学方式——书院文化，发表后在全国教育界产生不小影响。

● 1993 年 11 月，发表《抱愧山西》，系统描述并论证了中国古代最成功的商业奇迹——晋商文化，为当时正在崛起的经济热潮寻得了一个古代范本。此文发表后读者无数，传播广远。

● 1994 年 3 月，发表《天涯故事》，梳理了沉埋已久的海南岛文化简史，并把海南岛文化归纳为"生态文明"和"家园文明"，主张以吸引旅游为其发展前景。

● 1994 年 5 月至 7 月，发表长篇作品《十万进士》(上、下)，完整地清理了千年科举制度对中国文化的正面意义和负面意义。

● 1994 年 9 月，发表《遥远的绝响》，描述魏晋名士对中国文化的震撼性记忆。由于文章格调高尚凄美，一时轰动文坛。

● 1994 年 11 月，发表《历史的暗角》，系统列述了"小人"在中国文化中的隐形破坏作用，以及古今君子对这个庞大群体的无奈。发表后在海峡两岸暨香港、澳门引起巨大反响，被公认为"研究中国负面人格的开山之作"。

● 1995 年 4 月，应邀为四川都江堰题写自拟的对联"拜水都江堰，问道青城山"，镌刻于该地两处。

● 1996 年 7 月，多家媒体经调查共同确认余秋雨为"全国被盗版最严重的写作人"，由此被邀请成为"北京反盗版联盟"的唯一个人会员，并被聘为"全国扫黄打非督导员（督察证为 B027 号）"。

● 1998 年 6 月，新加坡召集规模盛大的"跨世纪文化对话"而震动全球华文世界。对话主角是四个华人学者，除首席余秋雨教授外，还有哈佛大学的杜维明教授、威斯康星大学的高希均教授和新加坡艺术家陈瑞献先生。余秋雨的演讲题目是《第四座桥》。

● 1999 年 2 月，为妻子马兰创作的剧本《秋千架》隆重上演，极为轰动，打破了北京长安大戏院的票房纪录。在台湾地区演出更是风靡一时，场场爆满。

● 1999 年开始，引领和主持香港凤凰卫视对人类各大文明遗址的历史性考察，成为目前世界上唯一贴地穿越数万公里危险地区的人文教授，也是"9·11"事件之前最早向文明世界报告恐怖主义控制地区实际状况的学者。由此被日本《朝日新闻》选为"跨世纪十大国际人物"。

● 2002 年 4 月，应邀为李白逝世地撰写《采石矶碑》(含书法)，镌刻于安徽马鞍山三台阁。

● 从 2000 年开始，由于环球考察在海内外所造成的巨大影响，国内一些媒体为了追求"逆反刺激"的市场效应而发起诽谤。先由北京大学一个学生误信了一个上海极左派文人的传言进行颠倒批判，即把当年冒险潜入外文书库独自编写《世界戏剧学》的勇敢行动诬陷为"文革写作"，并误植了笔名"石一歌"。由此，形成十余年的诽谤大潮，并随之出现了一批"啃余族"。余秋雨先生对所有的诽谤没有做任何反驳和回击，他说："马行千里，不洗尘沙。"

● 2003 年 7 月，由于多年来在中央电视台的文化栏目中主持"综合文史素质测试"而成为全国观众的关注热点，上海一个当年的造反派代表人物就趁势做逆反文章，声称《文化苦旅》中有很多"文史差错"，全国上百家报刊转载。10 月 19 日，我国当代著名文史权威章培恒教授发文指出，经他审读，那个人的文章完全是"攻击"和"诬陷",而那个人自己的"文史知识"连一个高中生也不如。

● 2004 年 2 月,由于有关"石一歌"的诽谤浪潮已经延续四年仍未有消停迹象,余秋雨就采取了"悬赏"的办法。宣布"只要证明本人曾用这个笔名写过一篇、一段、一节、一行、一句这种文章,立即支付自己的全年薪金",还公布了执行律师的姓名。十二年后,余秋雨宣布悬赏期结束,以一篇《"石一歌"事件》做出总结。

● 2004 年 3 月,参加联合国开发计划署《人类发展报告》的设计、研讨和审核。

● 2004 年年底,被联合国教科文组织、北京大学、《中华英才》杂志社等单位选为"中国十大文化精英"、"中国文化传播坐标人物"。

● 2005 年 4 月,应邀赴美国巡回演讲:

1)4 月 9 日讲《中国文化的困境和出路》(在纽约市立大学亨特学院);

2)4 月 10 日讲《中国知识分子的问题所在》(在北美华文作家协会);

3)4 月 12 日上午讲《空间意义上的中华文化》(在马里兰大学);

4)4 月 12 日下午讲《君子的脚步》(在华盛顿国会图书馆);

5)4 月 13 日讲《时间意义上的中华文化》(在耶鲁大学);

6)4 月 15 日讲《中国文化所追求的集体人格》(在哈佛大学);

7)4 月 17 日讲《中华文化的三大优势和四大泥潭》(在休斯敦美南华文写作协会)。

● 2005 年 7 月 20 日,在联合国"世界文化大会"上发表主旨演讲《利玛窦的结论》,论述中国文明自古以来的非侵略本性,引起极大轰动。演说的论据,后来一再被各国政界、学界引用。收入书籍时,标题改为《中华文化的非侵略本性》。

- 2005 年 11 月，应邀撰写《法门寺碑》(含书法)，镌刻于陕西法门寺大雄宝殿前的影壁。

- 2006 年 4 月，应邀撰写《炎帝之碑》(含书法)，镌刻于湖南株洲炎帝陵纪念塔。

- 2005 年至 2008 年，被香港浸会大学聘请为"健全人格教育奠基教授"，每年在香港工作时间不少于半年。

- 2006 年，在香港凤凰卫视开办日播栏目《秋雨时分》，以一整年时间畅谈中华文化的优势和弱势，播出后在海内外产生广泛影响。

- 2007 年 1 月，发表《问卜中华》，详尽叙述了甲骨文的出土在中国文明濒临湮灭的二十世纪初年所带来的神奇力量，同时论述了商代的历史面貌。

- 2007 年 3 月，发表《古道西风》，系统叙述了中华文化的两大始祖老子和孔子的精神风采。

- 2007 年 5 月，发表《稷下学宫》，对比古希腊的雅典学院，将两千年前东西方两大学术中心进行平行比照。

- 2007 年 7 月，发表《黑色的光亮》，以充满感情的笔触表现了平民思想家墨子的人格光辉。

- 2007 年 8 月，应邀为七十年前解救大批犹太难民的中国外交官何凤山博士撰写碑文 (含书法)，镌刻于湖南益阳何凤山纪念墓地。

- 2007 年 9 月，发表《诗人是什么》，论述"中国第一诗人"屈原为华夏文明注入的诗化魂魄，分析了他获得全民每年纪念的原因，并解释了一些历史误会。

- 2007 年 11 月，发表《历史的母本》，以最高坐标评价了司马迁为整个中华民族带来的历史理性和历史品格。

● 2008 年 5 月 12 日，中国发生"汶川大地震"，第一时间赶到灾区参加救援。见到遇难学生留在废墟间的破残课本，决定以夫妻两人三年薪水的总和默默捐建三个学生图书馆，却被人在网络上炒作成"诈捐"，在全国范围喧闹了两个月之久。后由灾区教育局一再说明捐建实情，又由王蒙、冯骥才、张贤亮、贾平凹、刘诗昆、白先勇、余光中等名家纷纷为三个学生图书馆题词，风波才得以平息。

● 2008 年 9 月，上海市教育委员会颁授成立"余秋雨大师工作室"。上海市静安区政府决定为"余秋雨大师工作室"赠建办公小楼。

● 2008 年 12 月，为妻子马兰创作的中国音乐剧《长河》在上海大剧院隆重上演，受到海内外艺术精英的极高评价。

● 2009 年 5 月，应邀为山西大同云冈石窟题词"中国由此迈向大唐"，镌刻于石窟西端。

● 2010 年 1 月，《扬子晚报》在全国青少年读者中做问卷调查"你最喜爱的中国当代作家"，余秋雨名列第一。"冠军奖座"是钱为教授雕塑的余秋雨铜像。

● 2010 年 3 月 27 日，获澳门科技大学所颁"荣誉文学博士"称号。同时获颁荣誉博士称号的有袁隆平、钟南山、欧阳自远、孙家栋等著名专家。

● 2010 年 4 月 30 日，接受澳门科技大学任命，出任该校人文艺术学院院长。宣布在任期间每年年薪五十万港元全数捐献，作为设计专业和传播专业研究生的奖学金。

● 2010 年 5 月 21 日，联合国发布自成立以来第一份以文化为主题的"世界报告"，发布仪式的主要环节，是联合国教科文组织总干事博科娃女士与余秋雨先生进行一场对话。余秋雨发言的标题为《驳"文明冲突论"》。

● 2012 年 1 月至 9 月，最终完成以莱辛式的"极品解析"方法来论述中国美学的著作《极品美学》。

● 2012 年 10 月 12 日，中国艺术研究院成立"秋雨书院"。北京众多著名学者、企业家出席成立大会，并热情致辞。该书院是一个培养博士生的高层教学机构，现培养两个专业的博士研究生：一、中国文化史专业；二、中国艺术史专业。

● 2013 年 10 月 18 日下午，再度应邀赴美国纽约联合国总部大厦演讲《中华文化为何长寿》。当天联合国网站将此演讲列为国际第一要闻。

● 2013 年 10 月 20 日，在纽约大学演讲《中国文脉简述》。

● 2013 年 12 月，完成庄子《逍遥游》的巨幅行草书写，并将《逍遥游》译成可诵可吟的现代散文。

● 2014 年 1 月，完成屈原《离骚》的巨幅行书书写，并将《离骚》译成可诵可吟的现代散文。

● 2014 年 1 月 31 日，完成《祭笔》。此文概括了作者自己握笔写作的艰辛历程。

● 2014 年 3 月，发表以现代思维解析《般若波罗蜜多心经》的文章《解经修行》，并由此开始写作《修行三阶》《〈金刚经〉简释》《〈坛经〉简释》。

● 2014 年 4 月，《余秋雨学术六卷》出版发行。

● 2014 年 5 月，古典象征主义小说《冰河》（含剧本）出版发行。

● 2014 年 8 月，系统论述中华文化人格范型的《君子之道》出版发行，立即受到海峡两岸读书界的热烈欢迎。

● 2014 年 10 月，《秋雨合集》二十二卷出版发行。

● 2014 年 10 月 28 日，出任上海图书馆理事长。

● 2015 年 3 月，再度应邀在海峡对岸各大城市进行"环岛巡回演讲"，自台北市、新北市、台中市到高雄市。双目失明的星云大师闻讯后从澳大利亚赶回，亲率僧侣团队到高雄车站长时间等待和迎接。这是余秋雨自1991年后第四次大规模的环岛演讲。本次演讲的主题是"中华文化和君子之道"。

- 2015年4月，悬疑推理小说《空岛》和人生哲理小说《信客》出版。

- 2015年9月，应邀为佛教胜地普陀山书写《心经》，镌刻于该岛回澜亭。

- 2016年3月，应邀为佛教胜地宝华山书写《心经》，镌刻于该山平台。

- 2016年7月，中华书局出版《中华文化读本》七卷，均选自余秋雨著作。

- 2016年11月，被选为世界余氏宗亲会名誉会长。

- 2017年5月25日至6月5日，中国美术馆举办"余秋雨翰墨展"（中国艺术研究院主办），参观者人山人海，成为中国美术馆建馆半个多世纪以来最为轰动的展出之一。中国文联主席兼中国作协主席铁凝说："这个展览气势恢宏，彰显了秋雨先生令人慨叹的文化成就，使我对先生的为人和为文有了新的感受。"中国书法家协会原主席张海说："即使秋雨先生没有写过那么多著作，光看书法，也是真正专业的大书法家。"国务院参事室主任王仲伟说："余先生的书法作品，应该纳入国家收藏。"据统计，世界各地通过网络共享这次翰墨展的华侨人数，超过千万。

- 2017年9月，记忆文学集《门孔》出版发行。此书被评为《中国文脉》的当代续篇，其中有的文章已成为近年来网上最轰动的篇目。作者以自己的亲身交往描写了巴金、黄佐临、谢晋、章培恒、陆谷孙、星云大师、饶宗颐、金庸、林怀民、白先勇、余光中等一代文化巨匠，同时也写了自己与妻子马兰的情感历程。作者对《门孔》这一书名的阐释是："守护门庭，窥探神圣。"

- 2017年12月，《境外演讲》出版发行。此书收集了作者在联合国的三次演讲，又汇集了在美国各地和我国港澳地区巡回演讲和电视讲座的部分记录，被专家学者评为"打开中华文化之门的钥匙"。

● 2018 年全年，应喜马拉雅网上授课平台之邀，把中国艺术研究院"秋雨书院"的博士课程向全社会开放，播出《中国文化必修课》。截至 2019 年 10 月，收听人次已经超过六千万。

（周行、刘超英整理，经余秋雨大师工作室校核）

图书在版编目（CIP）数据

台湾论学 / 余秋雨著 . —北京：北京联合出版公
司，2020.8
ISBN 978-7-5596-4203-5

Ⅰ．①台… Ⅱ．①余… Ⅲ．①文化研究 – 台湾 – 文集
Ⅳ．① G127.58-53

中国版本图书馆 CIP 数据核字（2020）第 064359 号

台湾论学

作　　者：余秋雨
出 品 人：赵红仕
责任编辑：夏应鹏

北京联合出版公司出版
（北京市西城区德外大街 83 号楼 9 层　100088）
河北鹏润印刷有限公司印刷　新华书店经销
字数 200 千字　　600 毫米 ×960 毫米　1/16　19 印张
2020 年 8 月第 1 版　2020 年 8 月第 1 次印刷
ISBN 978-7-5596-4203-5
定价：52.00 元

版权所有，侵权必究
未经许可，不得以任何方式复制或抄袭本书部分或全部内容
如发现图书质量问题，可联系调换。质量投诉电话：010-82069336